中国高速鉄道の発展スピードはなぜ速いのか

雷 風行 編著
姚 琴 訳
松下智貴 校閲

グローバル科学文化出版

目次

序　中国の高速鉄道の夢が叶う……7

一　「国脈」高速鉄道への招待状……10

1　「遅牛」はいつ走れるのか
2　鉄道の六度の大幅な高速化
3　秦瀋旅客輸送専用線　中国高速鉄道の序曲を奏でる

二　世界の足取りを追いかける……36

1　遠大な計画を描く　『中長期鉄道網計画』
2　京津路線の登場　中国初の高速鉄道の名刺
3　京滬路線で決戦　オリエンタルドラゴンが空を舞う
4　京広路線開通　中国が背筋を張る

三　「動車組」　風を追う鉄竜……87
1　氷を砕く旅　「藍箭」「先鋒」号「ブレット」列車
2　大加速　十六年は長すぎて中国鉄道はそんなに待ってはいられない
3　「中国創造」　六年で三段を上る
四　鉄道工事　逸品の鋳造……117
1　鉄道建設隊
2　バラストレス軌道とシームレスレール
3　高速鉄道に充電器と精密な脳を取り付ける
4　近代化された駅　都市の新しいランドマーク
5　共同試験調整とシステムの統合
五　新しい運営の風が真正面から吹き込んできた……168
1　安全第一　旅客第一

2　中国高速鉄道の海外進出
3　中国の発展スピードの謎を解読

六　高速鉄道時代は何をもたらしたのか……199
1　中国高速鉄道　一万キロメートル突破
2　高速鉄道に乗って北京から半日で五十四の都市に到着可能
3　省エネ・環境保護の優位性が際立つ
4　経済社会の発展を牽引するスターティング・ブロック
5　中国鉄道の美しき未来

付録……239
中国高速鉄道路線図
主な参考資料……240

序　中国の高速鉄道の夢が叶う

中国人は鉄道に独特の愛着がある。ある大学教授はかつて鉄道を「中国人の集団記憶」といい、「汽笛はふるさとからのメッセージ、枕木は母親が灯火のもとで心を込めて針仕事をした縫い目のよう、切符は異郷で暮らしている人にとって、ふるさとからの貴重な便りである。「緑皮車」（深緑色の車体で速度が遅く従来の普通列車）から高速列車『和諧号』まで、時代の発展という中国の夢を運んでいる。これほど国民の心温まる複雑な感情を呼び起こす乗り物はない」と話した。

中国は国土が広く、人口も多く、鉄道は国民が好む大衆化した交通手段である。しかし長い間、鉄道の発展が遅れ、輸送能力が深刻に不足しており、切符の購入が困難で、乗車が難しいという現象が際立っていた。毎年の春運（春節期間の運輸のことで、春節の帰省Uターンラッシュのこと）、暑運（夏休み期間の運輸のこと）、祝日には列車が混雑し、鉄道は大きな圧迫を受けている。

一九九〇年代初め、先進国の高速鉄道が時速二五〇キロメートルに達した時、中国鉄道の旅客車の時速はまだ五十キロメートルをさまよっていた。「老牛が鈍行列車を引っ張る」「象の綱渡り」の局面はこれ以上続けられない！その時から、中国鉄道は夢を探して高速化し、夢を追いかけて高速化した。速度の面で「重囲を際立たせる」ため、相次いで六度の鉄道の大幅な高速化を実現し、秦瀋旅客専用線を建設した。中国鉄道マンは高速鉄道の夢を抱き、志を変えず、不遇の道を歩んできたが、十年の積み重ねで練磨前進し、今後十年の高速鉄道の台頭と追い越しに向けてしっかりとした技術と人材の基礎を築いた。

「長風浪を破るに會《かなら》ず時有り」。二〇〇四年一月に、中国政府が『中長期鉄道網企画』を打ち出した。大きな気迫で一・二万キロメートルからなる高速鉄道網「四縦四横」の主な骨組みを描き上げた。いよいよ中国高速鉄道の壮大な幕を開けたのだ。中国鉄道職員は「鉄軍」の名誉ある称号の通りに、何世代もの鉄道職員の名誉と夢を乗せ、民族の待望と追求を背負い、困難極まりない夢づくりに旅立った。二〇〇五年、十一の高速鉄道と旅客輸送路線が相次いで建設を開始した。

わずか数年の間に、中国鉄道建設の大軍は初戦は北京―天津線で戦い、武漢―広州線で会戦、上海―南京線を成し遂げ、北京―上海線で決戦し、北はハルピン―大連線を攻め、中部は北京―広州線を貫き、道中、難関を切り裂いて猛進した。これと同時に、中国高速鉄道の技術設備製造業の勝利がしきりに伝えられ、時速二〇〇キロメートルの高速列車技術の導入から、時速三五〇キロメートル、三八〇キロメートルの高速列車の設計・開発に至るまで、中国鉄道は連続して三階段を上っている。

十年で夢を追い、十年で夢を築き、中国鉄道は二十年研ぎ澄まされ、すでに高速鉄道時代に闊歩し、奮起して高速鉄道の夢を実現した。二〇一三年末現在、中国では三十四本の高速鉄道が建設され、高速鉄道の運行距離は一万キロメートルを突破し、建設中の高速鉄道の規模は一万キロメートルに達している。中国は世界で高速鉄道の運営距離が最も長く、建設中の規模が最大の国となっている。国運が旺盛すれば、鉄道が繁盛する。十年で一万キロメートルの高速鉄道を建設したことは、民族復興の時代の偉大な碑だ！

二〇一二年十一月に、中国共産党第十八回代表大会の報告は、高速鉄道を有人宇宙飛行、月探査プロジェクト、有人深海潜水、スーパーコンピュータとともに、「革新型国家建設の著しい成果」を示す重要なシンボルとして、中国の改革・発展の成果の歴史に刻まれた。

中国の発展スピードは中国国民を奮い立たせ、世界を驚かせた。各国の要人が続々と中国高速鉄道を視察に訪れる中、敏感で鋭い海外のメディアは中国の「高速鉄道外交」の力強いリズムを捉え、中国高速鉄道に「世界旋風」を巻き起こしたと驚きの声を上げている。

中国の高速鉄道は如何にして急激に台頭し、追い越したのだろうか。中国速度はどのように鍛えられたのか。この本と共に中国高速鉄道の内部に入って、中国鉄道の昨日、今日、明日を共に理解しようではないか。

一　「国脈」高速鉄道への招待状

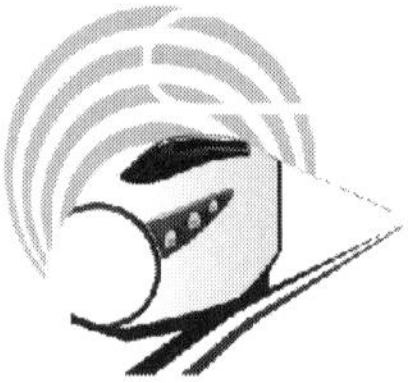

一九六四年十月一日、世界初の高速鉄道である日本の東海道新幹線が開通した。時速二一〇キロメートルで、東京から大阪までの全行程は五一五・四キロメートルに達した。直行での移動時間は六時間余りから三時間に短縮された。高速道路より速く、安全かつ快適である。新幹線は「日本経済の飛躍の背骨」ともてはやされ、日本の高度経済成長を根底から支えた。

一九七八年十月二十六日、訪日中であった鄧小平は、日本の超特急新幹線「ひかり―81号」に乗った。「風のように速い。新幹線が私たちを押して走っている。私たちは今とても走る必要がある！」と高速列車を称賛した。

中国経済は「走る必要がある！」先行する中国鉄道はもっと先に走る必要がある！だが、この頃の中国鉄道は経済発展を制約する「ボトルネック」の時期にあった。鉄道建設の資金が不足し、新線の建設と旧線の改造が遅れているため、輸送能力が深刻に不足し、技術のグレードアップが急務となっており、旅客車の時速は四十キロメートル未満となっている。

「今は走る必要があるんだ！」鄧小平のこの言葉は、中国鉄道を後進から奮起させる！

1　「遅牛」はいつ走れるのか

世界の交通運輸の発展史から明らかに以下のことが分かる。交通手段の競争は根本的に言うと速度の競争である。鉄道は十九世紀に勃興し、二十世紀半ばに衰退し、やがて高速鉄道として復興し、速度は鉄道の盛衰にかかわる重大な問題となった。

蒸気機関の登場は、鉄道を歴史の舞台に押し上げた。一八二五年九月二十七日、世界初の鉄道、イギリスのダーリントン・ストックトン間鉄道が正式に開通した。列車発明家のスティーブンソンは自ら彼の蒸気機関車「トラベル」を運転し、三一・八キロメートルを運行し、列車の平均時速は十三キロメートル、最高時速は二十四キロメートルに達した。この列車の運行は当時、世界を騒がせる大きな出来事となり、輸送生産力の画期的な大変革を引き起こした。マルクスは鉄道が産業革命や経済社会の発展を推進する役割を鋭く見出し、鉄道を「実業の冠」と呼んだ。

牛飼い出身の英国人技師スティーブンソンは鉄道の牽引技術を絶えず改善し、一八三〇年に英国は世界で二番目の鉄道、リバプール―マンチェスター間鉄道を建設し、列車の運行最高時速は四十七キロメートルに達した。スティーブンソンはこの鉄道が開

1825年、スティーブンソンが設計した蒸気機関車

通したときの祝賀会で、「この国では鉄道がほかのあらゆる輸送手段に勝るということを、きっと生きて見ることができるだろう」と語った。

スティーブンソンの断言はすぐに実証され、鉄道誕生の故郷である英国では鉄道建設の山場を迎え、一八九〇年には全国の鉄道網の総延長が三・二万キロメートルに達した。汽車は大英帝国を世界の工業化の最前線に導いた。

経済学者によると、十九世紀は鉄道の時代だった。鉄道は輸送量が多く、速度が速いことから先進的な交通手段となり、欧米諸国が率先して鉄道を整備し、経済の発展をけん引してきた。一八三〇年から一八三九年までの十年という短期間で、英、米、仏、比、独、加、露、奥、荷、伊の十カ国が競って鉄道を築き、これらの率先して鉄道を発展させた国が先手を取り、工業化の基礎を固め、そのほとんどが先進国になった。

一一〇年の発展を経て、一九四〇年の第二次世界大戦前、世界の鉄道営業距離はピークの一三五・六万キロメートルに達した。米国は鉄道建設が最も盛んな国で、一八八七年の一年間に建設した鉄路だけで二万六一九キロメートルに達し、世界の鉄道建設史上最高記録を更新した。

一九一六年、米国の鉄道の営業距離は四十万キロメートルに達した。鉄路建設ブームは工業化のプロセスを加速させただけでなく、株式融資と債券融資を生み、世界で最初の投資銀行を育成した。

だが、鉄道のトップ独占は、一〇〇年余りしか続かなかった。十九世紀には高速と輸送量で世界的な人気を博した鉄道だが、百年後には運行速度の遅さから衰退した。二十世紀半ば、高速道路と航空輸送が急速に発展し、欧米諸国の鉄道は次々に高速道路、航空輸送に敗北した。その主な原因の一つに鉄道列車の運行速度の遅さから、輸送量の低下を招き、利益がどん底まで落ちてしまったことがある。

鉄道は一部の人がそう呼ぶように「斜陽工業」と呼ばれるようになってしまったのであろうか。世界の先見性のある鉄道専門家は負けを認めることなく、鉄道の高速化に目を向けていた。先進国の鉄道は牽引動力の革新に端を発し、高速鉄道と重積載鉄道を生み出した。世界の鉄道は数十年の停滞と低迷の末、再び復興の道を歩み始めた。

日本は一九六四年に最初の高速鉄道が開通した後、新幹線の開発により力を入れ、技術の向上を続け、山陽新幹線と東海道新幹線の最高時速は三〇〇キロメートルと二七〇キロメートル、東北新幹線の最高時速は三二〇キロメートルに達した。二〇一〇年までに、新幹線はすでに日本本

日本の新幹線 500 系高速列車

土をカバーし、総距離は二一七六キロメートルに達した。フランスはTGV高速列車に力を入れている。一九八一年九月二十七日、欧州初の高速鉄道、フランス・パリ―リヨン間のTGV東南線が開通し、全区間四一七キロメートル、直行時間二時間、最高時速二七〇キロメートルで運行された。その後、フランスはTGV大西洋線、北方線、地中海線、東部線などの高速鉄道を相次いで建設・開通した。二〇一〇年までに、フランスの高速鉄道の総距離は一八八四キロメートルで、TGV超特急列車の通行可能な路線は六〇〇〇キロメートル以上に達し、地中海線と東部線の列車の最高営業時速は三二〇キロメートルに達した。

ドイツでは一九八八年に電気牽引列車の試験時速が四〇六・九キロメートルに達したが、その高速鉄道は一九九一年六月二日にようやく開通し、ICE列車の最高時速は二八〇キロメートルだった。二〇一〇年までに、ICE高速列車はドイツ国内の多数の大都市に通じ、総距離は一四四三キロメートル、ICE列車が通行できる範囲は六三〇〇キロメートル以上に達し、列車の時速は最高三〇〇キロメートルに達する。

二〇〇七年、世界において日本、フランス、ドイツ、イタリア、スペイ

ドイツ ICE-3 高速列車

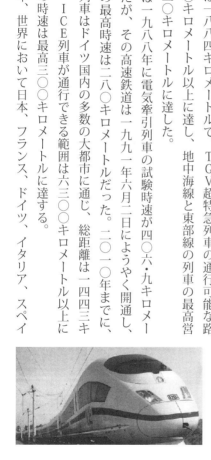

ンなど十二の国と地域で建設された営業時速二五〇キロメートル以上の高速鉄道は八七〇〇キロメートル余りに達し、高速道路と民間航空の同時発展の中で依然として明らかな競争力を持っている。

高速鉄道の台頭と発展と同時に、鉄道既存線の高速化改造も成功の道を切り開いた。二十世紀六十年代から、西欧の一部の国は率先して先進的な科学技術手段を採用し、輸送の需要が高い既存の幹線を電化改造し、列車の時速を一四〇―一六〇キロメートルに引き上げた。スウェーデン、ドイツ、イタリアなどの国は、ジェスチャートレイン技術を採用しており、列車の時速は二〇〇キロメートルに達している。一九九四年までに、世界二十五カ国の旅客列車の最高時速は一四〇キロメートルに達したが、それを超えている。

一九九〇年、フランスのＴＧＶは試験時速五一五・三キロメートルの世界記録を樹立した。日本、フランス、ドイツなどの高速鉄道の開発は勢いを増し、時速二一〇―二七〇キロメートル、さらに三〇〇キロメートルに迫る勢いだが、中国鉄道はまだ「遅牛が鈍行列車を引っ張っている」状態だった。

フランス TGV 高速列車

新中国成立当初、鉄道客車の平均時速はわずか二〇・九キロメートルだった。四十年来、中国鉄道は長い間低速の中をさまよっており、平均旅行時速は二〇・九キロメートルから四八・三キロメートルに、貨物車の平均時速は二〇・九キロメートルから三十キロメートルに引き上げられただけだ。一九九〇年、平均旅行時速は四八・三キロメートルで、最高時速はわずか八十—一〇〇キロメートルだった。

二十世紀八十年代、中国では改革開放の機運が高まり、鉄道の輸送能力不足が経済を制約する矛盾が日増しに深刻化していた。国民経済の大動脈としての鉄道を重点的に発展すべきであったが、八十年代の交通発展に関する大討論会で、「世界中の先進国が鉄道を廃棄し、高速道路を建設している」「沿海沿岸に鉄道を建設するのは『黄金の水路』の無駄だ」「鉄道運送の中堅の地位はすでに揺らいでいる」などという声が上がった。歴史はすでに中国鉄道の「斜陽論」が国情に合わないことを証明しているが、それは一時大いに流行し、上層部の意思決定に影響を与え、中国鉄道は二十世紀八十年代に改革開放と同期して発展する十年の好機を逃した。新中国が成立した当初、国家の財力と物資は極めて困難であったが、一九五三—一九六〇年には年平均一三七七キロメートルの鉄道が建設された。改革開放後、二十世紀八十年代には年平均三四四キロメートルの鉄道しか引き渡し・運営されていなかった。

二十世紀九十年代初め、鉄道を発展させるかどうかが定まらず、中国鉄道の運行速度が依然として伸び悩んでいたところに、急ピッチで発展する道路、航空が大きく追い上げ、中国国内運輸市場の競争は日増しに激しくなっていった。

中国の高速道路は一九八九年の建設開始から一九九九年に一万キロメートルを突破するまでに十年かかったが、一万キロメートルから二〇〇二年に二万キロメートルを突破するまでは、わずか三年しか費やしていない。わずか十三年で先進国の四十年—五十年分の発展過程を歩んだのだ。

高速道路は便利さ、スピードと「戸口から戸口へ」の輸送などの特徴を活かして、短距離輸送市場で優勢を占めており、航空輸送は長距離輸送で重要な役割を果たしている。鉄道市場のシェア低下は著しく、経営は厳しい課題に直面している。一九九〇年、鉄道、道路、民間航空が交通運輸に占める旅客輸送取扱量の市場シェアはそれぞれ四六・四%、四六・六%、四・一%であったが、一九九五年には三九・四%、五一・一%、七・六%になった。数年の間に、高速道路と航空が急速に運輸業の半分を占め、鉄道の「兄貴分」と対等に振る舞うようになった。有識者は、鉄道の「遅牛」のスピードアップを図らないと、残りのシェアも守れないと驚きの声を上げている。

中国政府は鉄道の発展を極めて重視し、鉄道建設基金を設立するなど傾斜政策をとり、苦境にある鉄道に生気と活力を注入した。中国の国情・道路状況から出発して、鉄道部は中国鉄道の現代化を実現するための戦略的な政策決定を適時に行い、一方で既存路線の改造と高速化を実施し、高速鉄道を発展させている。

一九九一年十二月二十八日、国家計画委員会の認可を経て、中国初の準高速鉄道である広深線（広州―深セン）の建設に着工した。これは中国の高速鉄道開発の実験線である。一九九四年十二月二十二日、全長一四七キロメートルの広深鉄道が開通し、最高時速一六〇キロメートルの準高速列車「春光号」が運行され、全行程の運行時間は従来の二時間四十八分から一時間十二分に短縮された。

当時の資金条件や技術条件では、中国がすぐに高速鉄道を建設することは不可能だった。一九九四年六月、鉄道部は「列車の重量を大幅に上げ、走行密度を積極的に高め、走行速度の向上に努める」という技術政策を打ち出した。「列車の速度向上」を目標とした既存路線の改造とスピードアップの戦いが、中国鉄道において本格化する。

2 鉄道の六度の大幅な高速化

スピードは交通輸送の魂である。二十世紀八十年代以降、世界各国は既存の広範囲の鉄道路線をスピードアップし、鉄道の高速輸送を実現してきた。速度は、その国の鉄道の近代化の度合いを示す重要な指標である。速度で後れをとることは鉄道が一代遅れることであり、速度の向上は鉄道が一代前に進むことである。スピードアップ戦略の実施は歴史的に中国鉄道の前に置かれている。

一九九五年は、中国鉄道がスピードアップ戦略を実施する重要な政策決定年であった。この年の六月二十八日、鉄道部は部長弁公会議を開き、スピードアップ指導グループを設立し、迅速に企画し、全路線におけるスピードアップ戦略を力の限りを尽くして実施した。

中国鉄道の高速化の主な方向は既存の繁忙幹線であり、戦略の重点は京滬（北京—上海）、京広（北京—広州）、京哈（北京—ハルピン）である。これらの三つの幹線の総距離は五〇四六キロメートルで、九・五％の中国鉄道の営業距離を占めているのみだが、旅客と貨物の取扱量は、中国鉄道の三九・四％と三四・四％を占めており、その位置は大変重要だと言える！

世界の先進国の鉄道に比べ、中国鉄道の高速化は、はるかに複雑で困難である。日本の鉄道旅客輸送量は多いが、貨物輸送の割合は小さい。北米、南アフリカなどの国の鉄道貨物輸送の重載技術は発達しているが、旅客輸送量は多くない。西欧諸国には混走鉄道があるが、高速旅客輸送と高速貨物輸送が主である。中国鉄道は旅客と貨物が同じ線路で運行され、異なる等級の列車が混走し、輸送量は世界のトップに君臨している。このような輸送では、速度、密度、重量の三者がお互いに影響し合い、制約し合う。それらは、輸送組織、軌道構造、信号系統、牽引動力などの技術的必要条件が矛盾し、甚だしい場合は相反している。中国の特殊で複雑な輸送条件の下で大幅な高速化を実施するには、技術改造と高速化試験から始めなければならない。自主革新に立脚した基礎の上で、列車の速度、密度、重量を最適にマッチングさせて高速化改造の道を開拓しなければならない。

一九九五年九月から十月にかけて、鉄道部は滬寧線（上海―南京）で初めて旅客・貨物の混同列車の高速化試験を行い、中国鉄道科学研究院の科学技術者一〇〇人余りが参加した列車と地上においての試験作業では、十億個以上のデータを採取し、初の高速化試験任務を無事に完了した。

華東地域では、初めて勝利のニュースが伝えられた。一九九六年四月一日、滬寧線で初めて時速一四〇キロメートルの上海―南京間快速列車「先行号」が運行され、全区間を二時間四十八分で運行し、従来の運行時間より一時間十一分短縮し、旅客の人気を集めた。

華北地域でまた吉報が伝えられた。三カ月後、北京駅を出発した時速一四〇キロメートルの「北戴河号」列車は京秦線を疾走し、北京から秦

中国のディーゼル機関車が牽引する列車

皇島までの全区間をわずか二・五時間で結び、従来の運行時間より一時間八分短縮した。

東北地域の後発者が優位を占めた。一九九六年十月八日、北京―大連間で中国初の長距離快速旅客列車が運行され、最高時速は一四〇キロメートルに達した。中原（黄河中流域の平原地帯）が新時速を出した。

一九九六年十一月、鄭州鉄道局は鄭州―漯河間で既存の電化された鉄道の高速化を実施し、最高試験時速は一八五キロメートルに達した。

四大戦場におけるスピードアップの実践は、繁忙幹線の全面的なスピードアップに科学的根拠を提供し、中国鉄道の大幅な高速化への自信を固めた。

ついに「大きな動き」が出てきた！一九九七年四月一日、中国鉄道は初の大幅な高速化を実施し、京滬、京広、京哈の三大幹線が全面的にスピードアップした。

この日、瀋陽、北京、上海、広州、武漢などの大都市を中心に、

中国の電気機関車牽引列車

最高時速一四〇キロメートル、平均旅行時速九十キロメートルの快速列車八十本と夕発朝着の列車六十四本、そして客車化された貨物輸送列車五本が運行された。

「列車の速度は上げるが、運賃は上げない。安全に速く全国を走る」「夕発朝着の汽車に乗るのは、ホテルに泊まるに勝る」初の鉄道スピードアップ後、移動時間が短縮されたため、客の流れが回復し始め、チケット収入が大幅に増加した。鉄道の切っ先が見えてきて、それに味をしめ、また新たな進撃を続けた。

一九九八年十月一日、中国鉄道は第二次大幅な高速化を実施した。

京広、京滬、京哈の三大幹線の高速化区間の最高時速は一四〇キロメートルから一六〇キロメートルに達し、広深線（広州—深圳）の最高時速は二〇〇キロメートルに達した。

今回のスピードアップは市場向けで、快速旅客列車、夕発朝着の旅客列車の本数と範囲を拡大し、プレミアム列車の運行品質をさらに高めた。全国の鉄道で運行される快速列車は一六〇本で、

1998年、時速200kmの「新時速」列車が広深鉄道を走る

一九九七年より八十本増えた。夕発朝着の列車は一一六本運行し、一九九七年より五十二本増加した。

二〇〇〇年十月二十一日、中国鉄道は三回目の大幅な高速化を実施し、注目すべきは中西部地区のスピードアップである。

三回目の高速化は、主に隴海（江蘇省連雲港―甘粛省蘭州）、蘭新（甘粛省蘭州―新疆ウルムチ）、京九（北京―香港九竜）、浙贛（浙江省杭州―湖南省株洲）線に集中する。これらの幹線をスピードアップした後、東西の時空間距離を大幅に短縮し、中国の東西地域の人的往来や物資の往来をより便利にし、西部の大開発を加速するために重要な役割を果たしている。

第三次高速化は亜欧第二大陸橋（東から中国の連雲港、西からオランダのロッテルダム）の中国内の東西通路の建設は、東部の連雲港、日照から新疆阿拉山口駅、安全で速い鉄道大通路

高速列車は武広鉄道黄鶴楼のそばを走っている

を形成する。中国の東西を横断し、ロシア及びヨーロッパの多くの国をつないで、現代の「シルクロード」と呼ばれる。

二〇〇一年十月二十一日、中国鉄道は四回目の大幅な高速化を実施した。これは中国鉄道が第十次五カ年計画期間（二〇〇一―二〇〇五）に実施した新たなスピードアップだ。

今回は京九線と京広線の南区間、哈大線、滬杭線、浙贛線、武昌―成都線（漢丹線、襄渝線、達成線）の高速化が重点的に行われ、中国の十九省・市に及ぶ四二五七キロメートルの高速化が行われた。四回目の高速化は東部地区と中西部地区の速達輸送ルートの強化に力を入れ、高速化の範囲をさらに拡大し、高速化のネットワークをさらに完備した。速度を上げると同時に、市場の需要に基づき全路線の列車ダイヤの調整を行い、列車の運行速度、輸送製品の構造、旅客輸送

中国最初の重輸送鉄道である大秦鉄道 (山西省大同 - 河北省秦皇島) はエネルギー拡張改造を経て、年間輸送量が 2002 年の 1 億トンから 2010 年には 4 億トンを超え、2013 年には 4 億 5000 万トンに達した。写真は 2 万トンの石炭輸送列車を牽引する大出力機関車である。

中国鉄道の6回の高速化

▼1997年4月1日、中国鉄道は初の大幅高速化を実施し、京滬、京広、京哈の三大幹線は全面的にスピードアップした。

▼1998年10月1日、中国鉄道は2回目の大幅高速化を実施し、最高時速は160kmに達した。

▼2000年10月21日、中国鉄道は3回目の大幅高速化を実施し、その目玉は中西部地区でスピードアップだった。

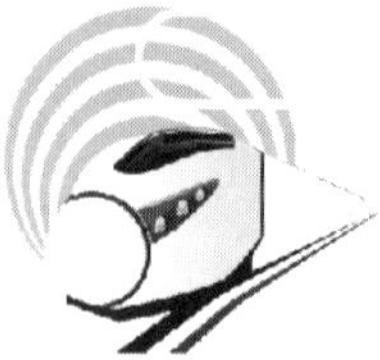

▼2001年10月21日、中国鉄道は4回目の大幅高速化を実施し、東部地区と中西部地区との快速輸送ルートの強化に力を入れた。

▼2004年4月18日、中国鉄道は5回目の大幅高速化を実施した。注目すべきなのは、中国鉄道がすでに既存路線の時速160km旅客・貨物混同路線技術を全面的に掌握したことだ。

▼2007年4月18日、中国鉄道は6回目の大幅高速化を実施した。時速200km以上の高速列車が多数運行されており、これは中国の既存路線の高速化技術が世界の先進的な仲間入りを果たしたことを示している。

サービスの質などの面で新たな変化が数多く見られるようになった。

　四回の高速化により、中国鉄道は世界の鉄道高速化の時代の流れに溶け込み始め、高速化・延長距離は一万三〇〇〇キロメートルに達し、各地の多くの旅客に恩恵をもたらし、社会各界から評価されている。

　しかし、四回の大幅な高速化を経ても、中国鉄道の平均旅客列車技術時速は七〇・七キロメートル、旅行時速は六一・四キロメートルにとどまった。貨物列車の技術時速と旅行時速はさらに遅く、前者が四一・七キロメートルで後者が二・四キロメートルしかない。中国鉄道は慢心と怠慢を許すことなく、また新たな高速化の目標に照準を合わせ、練磨前進している。

　二〇〇四年四月十八日、中国鉄道は五回目の大幅な高速化を実施し、注目すべきことは中国鉄路がすでに既存路線の時速一六〇キロメートルの旅客・貨物の混同の路線の技術を全面的に掌握していることである。

　これまでの四回の大幅な高速化を踏まえた上で、京哈、京広、京滬、滬昆などの幹線の技術改造を経て、スピードアップの総距離は

カーブを通る高速列車

一万六六五〇〇キロメートルに達し、うち時速一六〇キロメートル以上の路線は七七〇〇キロメートルに達し、一部の旅客列車は時速一六〇キロメートルで長距離運行している、全路線の旅客列車の平均走行時速は六五・七キロメートルに達した。新たに頭文字が「Z」の特急列車の直行便が三十八本運行され、大都市間を電光石火のように走り、列車の運行間隔は七分に短縮された。

二〇〇七年四月十八日、中国鉄道は六回目の大幅な高速化を実施した。これは中国の既存路線の高速化技術が世界の先進的な仲間入りを果たしたことを示している。

三年以上の入念な準備を経て、六回目の大幅な高速化の際、中国鉄道の時速一二〇キロメートル以上の路線の延長距離は二万四千キロメートルに達し、うち時速一六〇キロメートル以上の路線の延長距離は一万六千キロメートル、時速二〇〇キロメートル以上の路線の延長距離は六四五一キロメートル、時速二五〇キロメートルの路線の延長距離は一〇〇七キロメートルに達した。主要都市間では時速二〇〇キロメートル以上の高速列車を大量に運行し、繁忙幹線では大出力機関車が牽引する五〇〇〇─六〇〇〇トンの貨物列車と二階建てコンテナ列車を大量に運行している。

六回目の大幅な高速化で、鉄道の客、貨物輸送能力はそれぞれ一八・五%と十二%増加した。全路線の旅客列車の速度は全般的に大幅に向上し、主要都市間の旅行時間は全体的に二〇%以上短縮された、これにより、高密度都市間高速列車の運行、中心都市間高速列車の運行、夕発朝着と一駅直通特急旅客列車の増発、一般旅客列車の運行時刻の最適化、設備の質とサービスレベルの全面的な向上という四大旅客輸送商品を築き上げた。

一九九七年から二〇〇七年まで、中国鉄道は十年をかけて、六回の大幅な高速化を実施し、既存路線で高速化のための改造を展開し、中身の拡大・再生産を実施するという革新の道を見事に切り開いた！大幅な高速化は鉄道業界に関わる掘り下げた管理の革新、技術革新と安全制御革新を引き起こした。速度の向上、密度の増加、重量の増加という三つの主要な部分をしっかりとつかんで技術や設備のレベルを高め、輸送能力を拡充し、全面的に運営の質を最適化すること。それによって潜在していた能力を掘り起こし、効率を高め、より少ない投資、より短い時間で輸送能力の迅速な解放と拡充をもたらすことができた。

鉄道の六回にわたる大幅な高速化は、中国の高速鉄道開発の壮大な幕を開けた。国際鉄道連盟は高速鉄道の定義を、在来線を改造して設計時速二〇〇キロメートルを達成したもの、または、線路を新設して設計時速二五〇キロメートル以上を達成したりしたものとしていた。六回目の大幅な高速化した中国の時速二〇〇キロメートル以上の既存路線の改造延長距離は六四五一キロメートルに達した。しかし、これはあくまでも既存路線が速度を上げただけであるに過ぎず、中国は新たに建設した高速鉄道も保有しなければならない。

3　秦瀋旅客輸送専用線　中国高速鉄道の序曲を奏でる

二十世紀九十年代、中国鉄道は既定のスピードアップ戦略に基づき、既存路線の改造・スピードアップを展開すると同時に、高速鉄道建設を積極的に推進した。

高速鉄道の建設は、科学技術が先行しなければならない。一九九〇年は、中国高速鉄道の科学研究難関突破が始動した年である。この年、国家科学技術政策の推進の下で、鉄道部は「鉄道『八五』科学技術発展構想——先行計画」の中で、「高速鉄道の一連の技術」重大科学技術難関突破プロジェクトの論証を重点的に組織し、そして一九九一年に国家の認可を経て中国『八五』(一九九一—一九九五)重点科学技術難関突破計画に組み入れることを提起した。この年、鉄道部は正式にプロジェクトを立ち上げ、「中国高速鉄道開発モデルと計画の研究」という科学研究課題を通達し、中国鉄道科学研究院が実施を担当した。

海外の高速鉄道技術の発展状況を理解し、把握するため、中国鉄道は「外部の良いものは積極的に導入し、また、積極的に世界へ向けて進出する」ことを掲げ、前後して五十数回に渡り海外の専門家を中国に招いて技術交流を行った、各分野の科学技術者で複数のチームを組んで、日本、ドイツ、フランス、スペイン、韓国などの国や台湾などの国内地域に派遣し、技術視察や研修を行い、数千人もの青年科学技術者・管理人材を育成した。

一九九一年から二〇〇三年まで、中国鉄道科学院は国内外の一〇〇からある部門と手を組んで難関と戦っていた。鉄道部の指示した高速鉄道に関する研究プロジェクトは計三五三件で、広範囲に及んだ。高速鉄道の発展モデル、基礎理論、専門技術、設計と工事、運送組織、資材の使用と検出測定技術などの分野で、中国の高速鉄道建設のために理論と技術の基礎を築いた。秦瀋旅客専用線は中国で初めて建設された旅客専用線である。秦皇島から瀋陽までの鉄道輸送能力を拡大するため、鉄道部は一九八六年から実現可能調査研究を行い、一九九九年二月に国家計画委員会が国務院に正式立案の同意を届け出るまで十三年間かかった。

この十三年間、中国の改革開放が進み、国民経済が急速に発展するにつれて、鉄道に対する旅客のニーズもより多様化してきた。どのような建設基準と輸送モデルで秦皇島から瀋陽まで

完成した秦瀋（秦皇島 - 瀋陽）旅客専用線の路線

の鉄道の新線を増設するのか？長い時間をかけて多くの案を比較検討し、広範な論証を経て、理念を新たにし、認識を深めた結果、設計案の大きな変更が三回あった。旅客と貨物が混在する新たな単線を建設する案から、時速一六〇キロメートルの旅客専用線に変更した。それがまた、時速二〇〇キロメートルの旅客専用線建設案に変わった。設計案は最終的に複線電化に決まったり、設計時速は時速二〇〇―二五〇キロメートルに達した。

設計側はこれによって設計の進度を速めた。一九九八年六月、鉄三院（鉄道第三実地調査設計院集団有限会社のこと）は秦瀋鉄道旅客専用線の実現可能調査研究報告書を完成し、八月に鉄道部が審査鑑定を組織し、十月に鉄道部が初歩設計に対しての鑑定審査を行い、十一月に鉄三院が初歩設計を踏まえて修正設計を作り上げた。

一九九九年二月および四月に、国家計画委員会は国務院に同意を求め、秦瀋旅客専用線プロジェクト提案書と実現可能調査研究報告書を相次いで通過させた。同年七月に国務院が着工を許可

2002年に中国が開発した高速列車「中華之星」

し、国家重点建設プロジェクトに指定された。

秦瀋旅客専用線設計案の三回にわたる変更、実現可能調査研究から国家の早急な着工承認に至るまでのことは、時代の変化の流れを反映している。一九九九年八月十六日、秦瀋旅客専用線の建設が始まった。

秦瀋旅客専用線は秦皇島駅から始まり、山海関を東に通過し、瀋陽北駅に至る全長四〇四・六五キロメートルである。瀋山線(瀋陽―山海関)とともに入出関客貨運通路を構成し、高速化改造された京秦線(北京―秦皇島)とともに京秦瀋快速客運通路を構成し、北京―瀋陽間の運行時間を最大限短縮した。

秦瀋旅客専用線は中国鉄道建設技術レベルの象徴的となるプロジェクトとして、中国高速鉄道建設の技術備蓄として、それは技術が成熟して、安全で信頼性があり、経済的に実用的で、既存の鉄道と互換性を持ってネットワークを形成することができて、国際的に通用する車輪軌道技術を選択した。プロジェクトの特徴は「三高三新」を鮮明に体現している。運行速度が高く、規則が模範で新しい。技術レベルが高く、設計基準が新しい。品質要求が高く、施工技術が新しい。このため、鉄道部は道路内の科学研究、設計、施工、管理監理と建設管理の長年の成果を集め、海外の先進技術と経験を参考にして、理念を更新し、路床、橋梁、軌道、四電(通信、信号、牽引給電、電力給電の四つ)工事と機関車車両の研究開発など多方面で、全方位的な技術革新を行った。

　高速鉄道の建設技術を探求・蓄積するため、鉄道部は山海関から綏中北までの区間に六六・八キロメートルの総合試験実施区間を設置し、時速三〇〇キロメートルの高速鉄道基準を採用し、時速二〇〇―三〇〇キロメートルの列車を運行できる総合試験を三回行った。

　二〇〇一年十二月、内燃動車組「神舟号」が線路に乗せられ、初の総合試験を行い、最高時速は二一〇キロメートルであった。

　二〇〇二年九月に第二次総合試験を行い、電力動車組「先鋒号」の最高時速は二九二キロメートルに達した。

　二〇〇二年十一月に第三次総合試験を実施し、「中華之星」動力車組の最高時速は三二一・五キロメートルに達し、その後も時速二〇〇―二五〇キロメートルで山海関から瀋陽北までの全行程貫通試験を行い、従来の瀋山線を通過していた特急旅客列車の運行時間を半分近く短縮した。

　秦瀋旅客専用線は二〇〇二年十二月三十一日に瀋陽と北京の鉄路局に引き渡され、試験運行された。完成後は秦皇島―瀋陽間の旅行時間が従来の四・五時間から二・五時間に短縮された。

　秦瀋旅客専用線は、中国が独自に研究・設計・施工した初の鉄道旅客専用線で、中国鉄道開発の歴史において一里塚的な意義を持ち、中国が独自の知的財産権である時速二〇〇キロメートル以上の鉄道の設計、建造および生産設備の製造と総合システムインテグレーション（システム統合）の能力を初歩的に保有したことを示し、中国の高速鉄道の発展のために、豊富な技術備蓄と堅固な基礎を提供した。

固い氷はすでに打ち砕かれ、高速鉄道の春が近づいている。中国は更に多くの高速鉄道を求めている！

二　世界の足取りを追いかける

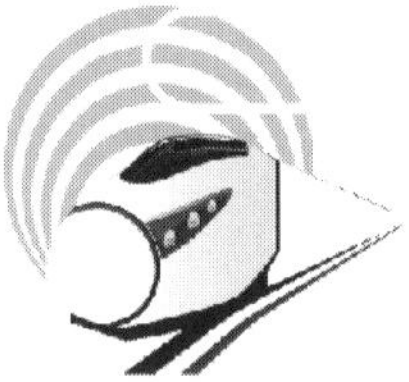

何度もダイヤを調整して高速化を図り、一年ごとに練磨して準備を進めてきた中国鉄道は「十年で一剣を研ぐ」ことになり、ついに高速鉄道建設の春を迎えた。

二〇〇四年から、国家『中長期鉄道網計画』が公布・実施されたことをきっかけに、神州大地（中国全土を指す）は前例のない高速鉄道建設を展開した。中国鉄道は日夜兼行の道を歩み、大急ぎで追い上げをかけ、北京―天津線を開拓し、北京―上海線で会戦、北側からハルピン―大連線を攻め、北京―広州線を開通するに至り、中国は早くも高速鉄道時代に入った。

中国の高速鉄道建設は秦瀋旅客専用線から始まり、京津線で台頭し、武広線で突破し、京滬線、京広線、哈大線で成果を上げた。わずか十年間の高速鉄道の台頭と追い越しは、鉄道マンが勇敢に革新し、我先に一流を目指し、祖国に忠誠を尽くし、奮闘奉仕する信念と追求を明らかに示している。

1　遠大な計画を描く『中長期鉄道網計画』

二十世紀九十年代は、中国が投資を拡大し、鉄道が高速発展の道に乗り始めた重要な十年であり、中国鉄道がスピードアップ戦略を実施し、高速離陸に向けた準備を進めた重要な十年でもあった。

一九九二年春、鄧小平は南方を視察し、重要な講話を発表した。同年の中国共産党第十四回代表大会は社会主義市場経済体制を樹立する目標を確立し、中国の改革開放に新たな高潮が現れ、長い間遅れていた鉄道輸送はさらに喫緊した。一九九二年七月十六日、国務院の指導者は全国鉄道指導幹部会議で鋭く「国民経済は上昇を続けているのに、鉄道はどうするのか」と指摘した。

鉄道輸送の長期的な停滞の原因は、建設資金が不足し、新線の建設が遅れ、輸送能力が深刻に不足していることにある。統計によると、一九五〇年から一九八五年までの三十六年間に、鉄道が国に納めた利税は一一六八億元で、国の同時期の鉄道への投資よりも三六五億元多く、国民経済の発展に重要な貢献をした。第七次五カ年計画期間（一九八六―一九九〇）の鉄道大請負の実践は、鉄道自身の「投入・産出、道路が道路を建設する」だけでは、巨額の鉄道建設資金を提供することが難しいことを証明している。

鉄道建設を加速するため、一九九一年から、中国は速やかに鉄道建設基金の設立と徴収を許可した。一九九三年、鉄道部は「京九（鉄道）、蘭新（鉄道）を強攻し、宝中（鉄道）、侯月（鉄道）を速攻し、さらに華東、西南を攻め、大秦（鉄道）を一括して整備する」と決定を下した。第八次五カ年計画期間（一九九一―一九九五）、中国全国の鉄道は合計一二四五億元のインフラ整備投資を完了し、鉄道新線は五三七四キロメートル、複線は三九九四キロメートル建設された。

一九九八年、アジア金融危機に直面し、中国は再び鉄道建設の加速を打ち出し、国民経済の発展を牽引する政策を出した。一九九八年から二〇〇二年までに二五〇〇億元を投資して鉄道を建設することを決定した。一九九八年三月二十八日、鉄道部は「西南で決戦し、石炭輸送を強攻し、高速道路を建設し、鉄道網を拡張し、七万キロメートルを突破する」との決定を下した。すべての路線で鉄道建設の新たな高揚が急速に巻き起こった。五年の戦いで、内昆（四川省内江―雲南省昆明）、水柏（貴州省六盤水―貴州市盤県柏果）、神延（陝西省神木―延安）、西康（西安―安康）、南疆（トルファン―カシュガル）、梅坎（広東省梅州―福建省永定県康市）などの鉄道が相次いで建設され、中国初の旅客専用の秦瀋旅客輸送専用線が完成した。

二〇〇二年末まで、中国全国の鉄道総営業距離は七万一八九八キロメートルに達し、世界第三位、アジア第一位となっている。十年前の一九九二年に比べて一・三万キロメートルも増え、成長を遂げたが、世界標準にはなお程遠い。

2004年1月16日、広州駅はその年の春運の最高峰

中国の鉄道網は密度が小さく、総量が明らかに不足している。国土面積別に道路網の密度を計算すると、中国は一万平方キロメートル当たり七十三キロメートルに過ぎないが、ドイツは一〇〇九・二キロメートル、日本は五三三・六二キロメートル、インドは一九一・七三キロメートルで、中国は世界で六十位以降に入っている。人口に換算すると、中国鉄道路線網の密度は一万人当たり〇・五六キロメートルであるのに対し、カナダは十六・一八キロメートル、ロシアは五・九キロメートル、米国は五・五五キロメートル、フランスは五キロメートルだった。つまり、中国はカナダの三・五%、米国の一〇%に過ぎず、一人当たり五・六センチで、フィルターを外したタバコ一本の長さにも及ばず、世界で一〇〇位以降にランクされている。

世界銀行が示したインフラ基準では、鉄道網の密度は一〇〇平方キロメートルあたり一・二〇キロメートル以上とされているが、中国鉄道網の密度は〇・七三キロメートルと、基準水準の六一%にすぎない。世界銀行の基準を満たすには、少なくとも十二万キロメートルの鉄道が必要だ。

中国鉄道は旅客線と貨物線が混走し、技術基準が低く、並行通路が不足している。世界の先進国の幹線鉄道の多くは三線―四線―六線で、十分な能力と余裕がある。例えば、日本の繁忙幹線の多くは多線並行で、アメリカの繁忙幹線は四線と六線並行で、ドイツ、ロシアの主要幹線も同様である。一方、中国は広深、京津間だけに三線があるが、京滬線、京広線を結び、中国経済が最も活発に発展している長江デルタ、珠江デルタ、京津唐環渤海経済圏をつなぐ鉄道は二線のみで、能力はすでに飽和している。

中国鉄道列車は速度が遅く、時代の発展の需要に大きく遅れている。二〇〇〇年には、世界の高速鉄道の総延長は六八五八キロメートルで、時速は二〇〇―三〇〇キロメートルに達した。中国鉄道は四回の大幅な高速化を経たが、二〇〇一年には平均旅客列車技術時速は七〇・七キロメートルに過ぎず、高速鉄道にはまだ程遠い。

中国鉄道は世界で最も繁忙で、輸送量が最も多い鉄道である。二〇〇二年、中国鉄道の輸送密度は一キロメートルあたり三三六三万トンで、米国の二・四四倍、日本の二・五八倍、インドの二・七五倍、フランスの七・九二倍、英国の九・六五倍だった。この年、全世界の鉄道営業の総距離は約一二〇万キロメートルで、中国鉄道は全世界の鉄道の六％しか占めていないが、約二四％にあたる二兆メトリックトン・キロメートルで、成し遂げた仕事量は八億五〇〇〇万メトリックトンだった。これは中国鉄道輸送の効率が非常に高く、輸送密度が世界で最も高いことを示す一方で、中国鉄道網全体の能力が深刻に不足しており、国民経済に対する保証能力が非常に脆弱であることも示している。

中国鉄道は重荷を背負って坂道をのぼり、重荷を背負って疾走し、輸送効率が高いにもかかわらず、日増しに増加する輸送需要を満たすことが難しく、長期的に過負荷運転の状態にある。

二〇〇二年、中国鉄道の毎日の貨物積み込み需要は十四万—十六万車で、鉄道は三分の一ぐらいしか満たせず、三分の二の貨物は即時に輸送を行うことができなかった。中国全国の鉄道で運行されている旅客用の座席数は一日二四二万人だが、一日平均の実際の輸送量は二九〇万人余りで、旅客輸送のピーク時には一日四二〇万人余りに達している。春運、暑運、メーデー、国慶節など、乗客が集中した一二〇日余りの間に、鉄道の輸送能力は全面的に警報を発し、切符の購入が困難で、乗車が難しい問題が際立ち、鉄道はこちらを立てればあちらが立たないため、「貨物を後回しにして客を優先する」ことになり、貨物輸送は深刻な影響を受けた。

数字は味気ないものだが、実際の中身は苦渋に満ちたものである。以上のデータからより詳しく以下のことがわかった。中国鉄道と世界の先進国の鉄道の根本的な差は顕著である。先進国の鉄道と自国の経済の発展が適応していて、しかも先に進んでいて、鉄道の輸送能力に余裕がある。一方、中国鉄道の発展は遅れており、制約されたものであり、輸送能力が深刻に不足している。先進国と比べると、中国鉄道は鉄道網の密度、技術設備、情報化建設、現代化管理などの面で少なくとも二十年の差がある。

中国は鉄道を最優先に発展させなければならない大陸型国家である。中国は国土が広く、内陸が深く、東西の距離が五四〇〇キロメートル、南北の距離が五二〇〇キロメートルあり、資源分布と工業配置のバランスがとれていない。西部はエネルギー資源が豊富で、発展が相対的に立ち遅れている。東部は工業が発達しているが、エネルギー資源が不足している。これにより、北から南へ、西から東への大口貨物の流れとエネルギーや製錬物資、食糧などの大口物資を主とする輸送構造が形成され、鉄道の大口貨物輸送量が社会全体の大口貨物輸送総量に占める割合は六〇%以上に達している。

中国には十三億の人口があり、工業化、都市化が進む中で、毎年平均七%の経済成長を遂げており、出稼ぎラッシュ、学生ラッシュ、帰省・観光ラッシュなど人口の移動量が膨大で、鉄道に対する需要が大きい。鉄道の輸送コストは道路や民間航空よりはるかに低く、二十世紀末データを計算すると、鉄道の取扱量を換算したコストが一元とした場合、道路は十二元で民間航空は一〇一元だった。多くの中低所得者の高運賃への負担能力は限られており、中長距離五〇〇キロメートル以上の旅客輸送は主に鉄道に頼っている。

鉄道は国の重要なインフラ、国民経済の大動脈、大衆化された交通手段として、輸送能力が大きく、輸送距離が遠く、運賃が低く、全天候型で、安全性が良く、エネルギーの節約ができ、汚染が少なく、敷地面積が少ないなどの特徴と優位性がある。中国のエネルギー資源は大変不足し、生態環境の悪化は日増しに顕著になっており、鉄道という省エネ・環境保護型の交通手段の発展を加速することは、中国の経済社会の持続可能な発展にとって間違いなく重要な戦略的意義を持っている。

世界の先進国が歩んできた道は、鉄道の近代化なしに国家の近代化が難しいことを物語っている。鉄道インフラの発展と現代化の水準は、すでにその国の現代化レベルを測る重要な指標となっている。

中国の事情、道路状況を踏まえて、中国鉄道の歴史と現状を厳格に分析研究し、世界の鉄道が情報技術の牽引の下で伝統産業から現代産業に転換した経験を参考にして、中国鉄道マンは全員以下のような共通認識を持っている。つまり、「ボトルネック」を抜け出すには、必ず発展を加速し、輸送能力の急速な拡充を実現し、技術設備のレベルを急速に高め、重点的に発達した鉄道網の建設を加速し、全国をカバーする快速旅客輸送ネットワークと能力の大きい貨物輸送ネットワークを形成する。

鉄道網は鉄道輸送のインフラであり、良好な鉄道網発展計画を制定すれば、鉄道建設をより科学性、将来性、系統性、経済性を持たせることができる。国外の多くの国鉄は経済

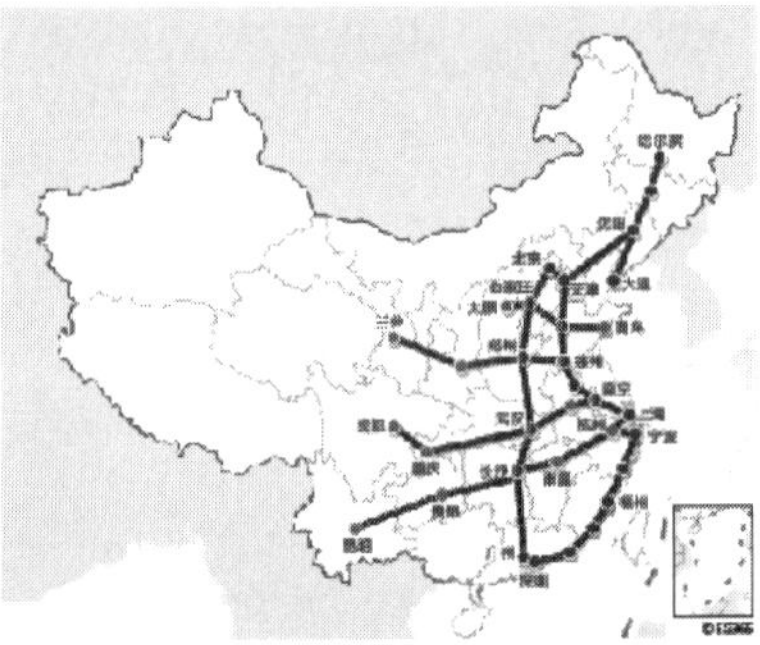

「四縦四横」高速鉄道計画図

社会の発展の必要に応じて、詳細な鉄道ネットワークの開発計画を作成する。例えば、ドイツの「Netz21」鉄道網発展計画、フランスの「高速鉄道総体計画」、スイスの「Bahn2000」計画、イタリアの「T型高速鉄道網計画」、日本の「新幹線整備計画」及びインドの「軌間統一プロジェクト」などは、いずれも緻密で綿密な計画に基づいて、既存の鉄道網を改造し、快速新線を建設し、鉄道網構造を最適化し、完全なものにしている。

これを参考にし、鉄道部は関連部門を組織し、今後二十年間と、この先五年間の鉄道網建設計画と既存線の併設設備能力関連方案に関する特別研究を実施し、二〇二〇年の鉄道網発展計画を作成した。各部門の意見を十分に聴取し、修正・決定した後、鉄道部は二〇〇三年五月二十九日に国家発展改革委員会に「中長期鉄道網計画案建議（二〇〇三—二〇二〇年）」を提出した。二〇〇三年六月・七月、国家発展改革委員会は前後して経済学者、鉄道、道路、民間航空、石炭、電力、石油などの計画専門家および関係部門、各省区市の代表が参加する検討会を四回開催し、鉄道網計画案について十分な論証を行った。

八方から風が吹き、無数の川が海に流れ込む。多部門の知恵を寄せ集め、多くの人の手で共に青図を描く。

二〇〇四年一月七日、国務院常務会議は『中長期鉄道網計画』について討議し採択した。これは国が認可した鉄道業界初の中長期計画であり、新世紀に国が認可した業界初の特別計画でもあり、中国政府の鉄道開発に対する高度な重視を十分に示している。

二〇〇四年四月、国務院はまた特別テーマ会議を開き、鉄道車両の装備問題を研究し、『鉄道車両の関連問題を研究する会議紀要』を形成し、「先進技術の導入、共同設計生産、中国ブランドの構築」の基本方針を明確に提出し、輸入品の導入を一部だけに抑え、国内の散品組立の導入と国内生産のプロジェクト運営モデルを確定した。

四ヶ月の間に、国務院は鉄道に関する重要会議を二回開催し、『中長期鉄道網計画』と『鉄道機関車車両に関する問題研究会議紀要』を採択し、高速鉄道網の建設と中国高速鉄道車両のブランド構築のために壮大なロードマップを描いた。

これにより、高速鉄道の発展を加速させることは、鉄道マンの共通認識から国家の意志に格上げされ、世界が注目する中国の高速鉄道建設が正式に始動した。

『中長期鉄道網計画』は国民経済と社会発展のニーズに応じ、全面的、調和的、持続可能な発展の指導思想に基づき、西部の鉄道建設、中東部の鉄道網建設と既存線の改造を統一的に考慮した。旅客専用線の建設、石炭輸送通路の建設と点線のセットを総合的に考慮した。これは鉄道建設を大いに推進した綱領的文献である。この計画と二〇〇八年十月に国務院が承認した調整計画によると、二〇二〇年までに中国鉄道の営業距離は十二万キロメートル以上に達し、複線化率は五〇％、電化率は六〇％以上となる。

最も人を魅了させ感激させるのは『計画』の中で描いた高速鉄道の発展の壮大な図である。二〇二〇年に中国で新たに建設される高速鉄道は一万六〇〇〇キロメートル以上に達し、「四縦四横」の高速鉄道を主な骨格とし、旅客専用線、都市間鉄道、高速旅客・貨物路線からなる高速旅客輸送網の総規模は五万キロメートル以上に達し、五十万人以上の人口都市をほぼカバーする。

「四縦四横」を主な骨格とする高速鉄道（旅客専用線）は以下の通りになっている。

「四縦」

一つ目は北京―上海旅客専用線で、蚌埠―合肥、南京―杭州旅客専用線を含み、京津―長江デルタ東部沿海経済発達地区に貫通する。二つ目は、北京―武漢―広州―深セン（香港）旅客専用線で、華北、華中、華南地区を結ぶ。三つ目は北京―瀋陽―ハルビン（大連）旅客専用線で、錦州―営口旅客専用線を含み、東北と関内地区を結ぶ。四つ目は、上海―杭州―寧波―福州―深センの旅客輸送専用線で、長江デルタ、東南沿海、珠江デルタ地区を結ぶ。

「四横」

一つ目は徐州―鄭州―蘭州旅客専用線で、西北部と華東地区を結ぶ。二つ目は上海―杭州―南昌―長沙―昆明の旅客輸送専用線で、華中、華東と西南地区を結ぶ。三つ目は青島―石家荘―太原旅客輸送専用線で、華北と華東地区を結ぶ。四つ目は上海―南京―武漢―重慶―成都の旅客輸送専用線で、西南と華東地区を結ぶ。

また、南昌―九江、柳州―南寧、瀋陽―丹東、長春―吉林―琿春、大同―西安、西安―成都、綿陽―成都―楽山、成都―貴陽、貴陽―広州、合肥―福州などの高速鉄道の延伸線を建設し、高速鉄道のカバー範囲を拡大する。

中国の都市化の急速な発展に適応するため、環渤海地区、長江デルタ地区、珠江デルタ地区など経済が発達し人口が密集している地区を重点とし、都市間鉄道を建設し、地域内の主要都市をカバーし、都市間の旅客輸送の便をよくする。

高速鉄道への進軍ラッパがすでに吹かれている！中国鉄道は鉄道開発の黄金のチャンスの時期をしっかりととらえ、高速鉄道、地域間の大能力路線、西部開発性新線の建設を重点とし、新たな大規模の鉄道建設を展開した。

二〇〇四年は中国の高速鉄道建設という戦闘準備を整える年であった。新しい建設目標には新しい品質基準を採用しなければならない。鉄道部は『鉄道主要技術政策』を改訂し、『鉄道プロジェク

2008年8月1日、天津駅初の都市間列車

ト建設基準管理方法』『時速二〇〇―二五〇キロメートルの旅客専用線を新設する鉄道設計暫定規定』などを制定し、京滬高速鉄道と時速二〇〇―二五〇キロメートルの旅客専用線の鉄道橋跨ぎ構造基準の設計を完了し、旅客専用線と旅客・貨物の共線等級別基準設計体系案を構築した。

鉄道部は三十一の省・市・自治区政府と相次いで鉄道建設の戦略的協力協定を結び、地方政府の鉄道建設に対する積極性を十分に発揮し、鉄道建設を加速させるための良好な環境を整えた。

高速鉄道建設には巨額の資金投入が必要である。中国鉄道は投融資体制の改革を推進し、二〇〇四年十一月に中国鉄道建設投資会社を設立した。鉄道部は「政府主導、多元化投資、市場化運営」という鉄道投融資改革の構想を確定し、鉄道建設において投資主の多元化を実行し、合弁鉄道会社の設立を規範化し、高速鉄道新設プロジェクトはいずれもプロジェクト法人制を採用している。

十年間の大幅な高速化という長期的な技術蓄積を経て、一年間の緊迫且つ秩序ある戦闘準備を経て、国の認可を受けた高速鉄道プロジェクトが間もなく着工する。

二〇〇五年は中国の高速鉄道建設のスタートの年である。空前の規模と迫力みなぎる高速鉄道建設ブームが中国全土で沸き立っている。

二〇〇五年六月十一日、峰巒を連ねた太行山の奥深くでは色とりどりの旗が舞い、太鼓が鳴り響いていた。『規画』中の石太鉄道（石家荘―太原）旅客専用線が率先して建設を開始した。石太鉄道の設計時速は二五〇キロメートルだった。

十二日後の二〇〇五年六月二十三日、武広鉄路旅客専用線が着工した。全長一〇七九キロメートル、設計時速三五〇キロメートル、投資総額九三〇億元で、中国鉄道が当時建設を開始した路線の中で最も長く、技術基準も最高で、投資額も最大の旅客専用線である。

この年、中国が許可した他の九つの旅客専用線の京津、鄭西、武合、合寧、甬台温、温福、福廈、広深港、広珠旅客専用線の建設が全面的に始まった。設計速度は時速二〇〇キロメートル以上のものと三〇〇―三五〇キロメートルのものがあった。旅客専用線十一路線の総建設規模は三二四三キロメートルに達した。

しかし、これはスタートであり、クライマックスはこれからだ。

軌道板の保存区

2　京津路線の登場　中国初の高速鉄道の名刺

二〇〇八年八月一日、北京オリンピック開幕を一週間後に控え、設計時速三五〇キロメートルの京津都市間高速鉄道が開業した。

これは中国の一〇〇年にわたる鉄道建設史における一里塚であり、中国鉄道が世界の鉄道開発の先進国の仲間入りを果たしたことを示しており、中国は日本、ドイツ、フランスに続き、系統的に高速鉄道技術をマスターした四番目の国となった。

二〇〇五年七月四日、北京―天津都市間の土地に鍬を入れ着工した。その年に着工した十一本の高速鉄道の中では目立っていなかった。しかし、中国鉄道マンがわずか一一二三日で、壮大な青写真を現実のものにした時、世界はこれに震撼した！

あるドイツの専門家は「われわれが三十六キロメートルの高速鉄道を建設するのに六年かかったにもかかわらず、中国が一二〇キロメートルの京津都市間鉄道を建設するのに三年しかかかっていないなんて信じられない」と感慨深げに語った。

2008年8月1日、天津駅発の都市間列車

京津都市間鉄道は中国初の世界一流レベルを有する高速鉄道で、北京南駅から始まり、天津駅に至るまで、全長一二〇キロメートル。設計時速は三五〇キロメートルに達し、北京―天津間は三十分で運行され、列車の最小運転間隔は三分である。

「十年の大幅な高速化の道」を歩んできた中国鉄道は、高速鉄道の乗り入れに向けた長い準備段階を「十年で一剣を研ぐ」と呼んでいた。十年間、多くの鉄道科学研究者が世界の高速鉄道技術を追跡研究し、高速鉄道の重大技術問題に対して集中的な難関突破を組織した。十年間、彼らは力を尽くして、高速鉄道の夢を現実のものにすることを志した。これは中国鉄道が高速鉄道の目標に向けた最初の突撃だ！

世界初の設計時速三五〇キロメートルの高速鉄道として、モデルも、経験も、参考にできる模範もない状況の中で、中国鉄道はあえて世界の先頭に立ち、かつてない「京津標準」を創造し、中国の高速鉄道の発展のために最初のモデルを作り、最初の高速鉄道建設経験及び全く新しい運営管理モデルを総括した。

京津線で苦闘の三年間、中国鉄道は導入、消化、吸収、再革新と建設

北京南駅

の実践を通じて、中国高速鉄道の路床、橋梁、バラストレス軌道、測量・制御、環境保護、振動低減・騒音低減などの重要技術を系統的に把握し、線路の基礎、通信信号、けん引・電力供給、調整・指揮、旅客サービスなどの技術成果を含む「京津標準」を構築し、これを基礎に中国高速鉄道技術標準体系を構築した。

線路の基礎を建設する際、導入・吸収・革新により、初めてバラストレス軌道システムを採用し、レールの沈降誤差はミリメートル単位で、その基準はＦ１レーシングカーのコースよりも厳しい。一方、北京―天津沿線は軟弱な地質が多く、地質の沈降問題を解決するため、工事技術者は軟弱土の路床設計、施工技術を採用した。「地面を走らせる代わりに橋を架けて走らせる」方案を採用し、高速全孔箱桁の設計、製造、輸送、架設などの一連の技術を全面的に把握し、工事後の沈下を効果的に抑制した。

高速鉄道の「高い平穏」な性能を確保するため、北京―天津高速鉄道の全線にシームレスレールを敷設し、先進的な中国産の長さ五〇〇メートルのレール現場溶接施工技術を活用し、高速列車の安全で安定した運

北京 - 天津線津都市間楊村特大橋

行の要求を十分に満たし、列車の快適性を高めた。高速走行中、車内ではコップの水がほとんど微動だにしない！「高い平穏さ、高い安定性」の性能は、世界の同業者から一様に称賛された。

暑さから寒さへ、小雪や大雪でまた一年。二〇〇七年十二月十六日、京津高速鉄道全線が順調に開通し、二〇〇八年一月末にすべての工事と設置が完了した。二〇〇八年二月から七月にかけて、中国鉄道科学研究院は検査技術総責任部門として、北京鉄道局とともに、五カ月間にわたる調整・検査と一カ月間の運行試験を実施した。

これは京津高速鉄道の各サブシステムの機能、全体的な運行性能と安全性に対する全面的な検査・評価と運行検査であり、中国高速鉄道システムの統合効果の全面的な検証となる。

北京―天津高速鉄道の調整・検査の内容は、事務や工事、けん引電力供給、通信信号、高速列車、運行調整、旅客輸送サービスの六大システムを含み、十五種類の大類に分けられ、テストパラメータは二〇〇〇項目以上にのぼる。

鉄道科学院の康熊副院長は、各部門が共同で試験調整案を策定した時、世界の高速鉄道の先進レベルに追いつくという目標を確立した。「言うまでもなく、京津都市間鉄道は世界で最初の設計時速三五〇キロメートルの運営鉄道で、どのようにそれを調整するか。海外には参照データがなく、自分たちで模索するしかない。それを追い抜かないと思い通りにやれない」と語った。

北京―天津高速鉄道が共同で試験調整をした一八〇日余りの間、二五〇人余りの科学技術科学院の参加者は「高速鉄道系統試験国家工程実験室」と書かれた制服を統一して着用し、「科学的、正確、タイムリー、完全完備」の要求に従い、検査の持ち場を守った。地上の検査を担当する検査員は、常に午前四時過ぎに起床し、時間通りに検査現場に赴く。新規採用で科学院に入った大卒者の中には、到着した当日に荷物を置いて京津の現場にやってくる者もいて、働き始めれば何カ月も休むことなく働くことになる。

六月二十四日、北京—天津都市間鉄道の試験調整で、高速列車の試験速度は時速三九四・三キロメートルに達し、当時の中国の列車試験の最高速度を記録した。

六ヶ月間苦戦した。システム統合と試験調整を通じて、科学研究者は京津高速鉄道の輪軌関系、弓網関系、機電結合、列車制御などの面で検査、試験調整、最適化を行い、システム全体の機能を最適化し、高速、高密度、安全性、安定性という設計目標を達成した。

二〇〇八年八月一日、北京—天津都市間高速鉄道は予定通り開通した。この北京オリンピックの付帯工事は、発展途上大国がオリンピックとの約束を実行したことになる。鉄に跡が残るほど力強く掴むという精神で中国鉄道の約束も果たした。

一九六四年十月一日、東京オリンピックを前にして、東京—大阪間に東海道新幹線が開通した。世界初の高速鉄道で、東京五輪や一九七〇年の大阪万博を彩った。

一九九二年四月、スペインのバルセロナオリンピック直前にマドリード—セルビリア間の高速鉄道が開通した。

北京オリンピック開幕を七日後に控え、世界の新時速を記録した北京—天津都市間鉄道が開通した。オリンピックには「より速く、より高く、より強く」という有名な格言がある。世界の先進国の鉄道や中国鉄道が相次いで、より速く、より速いスピードを創出しているのは、オリンピックと同じ精神を受け継いでいるからだ。

京津高速鉄道は、北京と天津という人口三〇〇〇万人を超える巨大都市を結んでいる。それは安全で、高速で、穏やかで、快適で、国内外の幅広い旅行者層から称賛を獲得して、この高速黄金通路の独特な魅力を見せた。開通から七日間で、「比類のない」北京五輪のために礼儀正しい国として良いサービスを捧げた。開通五十六日目にして、世界夏季ダボス・天津フォーラムで文明国として青春の活力を呈した。開通から三六五日で、一八七〇万人の旅客を安全に輸送するという新記録を樹立した。この鉄道の「大輸送量、高密度、多本数化」という輸送組織モデル、三十分の移動時間は、北京—天津の同都市化効果をもたらし、新たなライフスタイルをけん引している。

北京—天津線は都市間のデュアルライフをつなぐ絆と架け橋となっている。今では、「高速鉄道に乗り、北京—天津を散策」し、他都市で働き、就職し、朝早く出て夜遅く帰ることで、多くの「新北京人」と「新天津人」の都市化したおしゃれな生活を演出している。

北京―天津都市間の開通から一カ月で輸送された旅客数は一八三万人で、北京―天津間の旅客数は前年同期比の一二八・四％増となった。二〇〇八年、天津市の観光客受け入れ数と観光客の観光消費水準の増加幅は十年ぶりの最高水準となった。

開通から三カ月、天津市の老舗「狗不理」の肉まんの販売量は二〇％以上増加した。データによると、北京―天津都市間の二〇〇八年の天津観光成長への寄与率は三五％だった。

開通から一年で、二〇〇〇社以上の企業が北京から天津に移転した。

天津市長はかつて「中国高速鉄道の『第一路』は、天津の経済・社会の発展に対して積極的な促進作用を果たした」と述べた。世界的な金融の「冬」にあっても、北京―天津両市のGDP総量の伸びは中国全国平均をはるかに上回っている。専門家は、北京―天津都市間の「功績は大きい」と直言した。

北京―天津都市間を基幹とする多機能・多層・多面・多元化の快速・高効率輸送網により、北京―天津―河北都市圏は急速に長江デルタ、珠江デルタ経済圏に続く第三の大都市圏となり、二十一世紀の中国経済成長のもう一つのハイライトとなった。

日本、フランス、ドイツでは、高速鉄道は通常、国家の実力を示す外交の名刺となっており、各国の指導者が訪れると、三カ国ともしばしば貴賓らに高速列車を体験させている。一九七八年十月、中日国交正常化後初めて日本を訪れた中国の国家指導者鄧小平は、新幹線に乗って東京から京都に向かった。

統計によると、北京―天津都市間の開通から一年で、米国、英国、ロシア、日本……世界五大陸三十カ国以上の政府要人、国際組織の指導者が延べ二〇〇回以上集まり、延べ一万人が北京―天津都市間を視察した。

「高速列車が時速三〇〇キロメートルを超えてもこれほど安定しているとは予想していなかった」「これは線路工事がその高速システム全体と同様に世界レベルのものであることをはっきりと示している」と米国立工学院のセポア院士は大いに衝撃を受けた。「なんてことだ！私がドイツやフランスで乗った高速列車よりも速い」とスペイン人記者はそう叫んだ。

一九〇九年十月二日、総技師の詹天佑が建設を指揮し、中国人が独自に設計・施工し、自主的に経営した最初の幹線鉄道、京張鉄道が開通し、中華民族の自信を奮い立たせた。

百年後、また北京で、中国は世界初の設計時速三五〇キロメートルの高速鉄道を完成させた。京津都市間は省エネと環境保護の高速鉄道で、科学の発展が作り上げたモダンな産物である。設計、施工から運営まで、環境保護と省エネを追求した。「地面を走らせる代わりに橋を架けて走らせる」だけで四五九〇ムー（六六六七アールに相当）以上の土地を節約することができる。旅客一人あたりの消費電力は八キロワットアワー以下で、陸路の輸送手段としては最も省エネである。

北京と天津の都市間の経済効果と社会効果をウィンウィンにするために一本の高速黄金鉄道を建設して、旅客の輸送量を年々増加させた。二〇〇九年に一六四一万人、二〇一〇年に二〇二二万人、二〇一一年に二一五〇万人、二〇一二年に二一五〇万人、二〇一三年に二四六〇万人と、運営五年間で一億四〇〇〇万人を超えている。旅客輸送量は年平均一〇%以上増加し、ピークの一日の旅客輸送量は一三万二千人に達した。

北京―天津都市間は何千人もの国内外の乗客を乗せるだけでなく、さらに重要なのは鉄道開発ルートに対する国民の自信を固めることであり、中国はこれを利用して高速鉄道の扉を開け、中国高速鉄道システムの構築のために良好な技術プラットフォームと基礎を打ち立てた。

二〇一三年一月十八日、国家科学技術奨励大会が北京人民大会堂で開催され、「京津都市間鉄道プロジェクト」が中国の国家科学技術進歩一等賞を受賞した。

京津都市間に続いて、武広、鄭西、滬寧、滬杭、京滬……一本一本の高速鉄道が相次いで開通して、ヒューヒューと音を立ててやってくる！

3　京滬路線で決戦　オリエンタルドラゴンが空を舞う

古代の東方には竜がいて、その名は中国と言う。今日の中国に立ちのぼる竜、その名は京滬高速鉄道である。

二〇一一年六月三十日、世界の注目を集める京滬（北京―上海）高速鉄道が開通した。京滬高速鉄道は全長一三一八キロメートル、設計時速三五〇キロメートルで、世界で最初に建設された路線が最も長く、基準が最も高い高速鉄道である。

京滬高速鉄道プロジェクトは総投資額二二〇九億四〇〇〇万元で、新中国建国以来、投資規模が最大の建設プロジェクトであり、三峡発電所、南水北調（南方地域の水を北方地域に送り慢性的な水不足を解消するプロジェクト）、西気東輸（西部地域の天然ガスを東部地域に輸送するプロジェクト）、青蔵鉄道（青海省西寧とチベット自治区の首府ラサを結ぶ鉄道）に次ぐ中国のインフラ建設分野における歴史的かつ壮大なプロジェクトでもある。

一八七六年七月三日、中国初の鉄道、呉淞鉄道が上海租界に完成し、汽車という当時としては近代的な交通手段が中国で初めて披露された。それは全長一四・五キロメートルで、イギリス商人が無断で建設し、年間十六万人の旅人を運んだ。愚かで腐敗した

2011年6月30日、上海虹橋駅を出発した最初の高速鉄道列車

清王朝は鉄道を「洪水猛獣」とみなし、一八七七年十月に二十八万五〇〇〇両の銀で買い取った。そしてこの鉄道を撤去し、放棄するよう命令した。呉淞鉄道は取り壊されたが、一八七六年は中国鉄道のスタート年とされている。

一三五年後、東方の竜が北京と上海の間を飛びわたった。中国は「中国人は自分の勤勉と知恵で、世界の諸民族の中で強くなる」ことを事実として世界に伝えた。

京滬高速鉄道の両端は、中国最大の北南両都市である北京と上海を結ぶだけでなく、渤海環渤海経済区と長江デルタ経済区を結んでいる。ある学者は京滬高速鉄道をダンベルと喩えている。環渤海―長江デルタは両端であり、京滬高速鉄道はその棒である。

待ちに待った高速鉄道である。京滬高速鉄道は北京、天津、河北、山東、安徽、江蘇、上海の七省市を貫いており、四省三市の国土面積は中国の六・五%、人口は中国の四分の一、GDPは中国の四〇%を占めている。

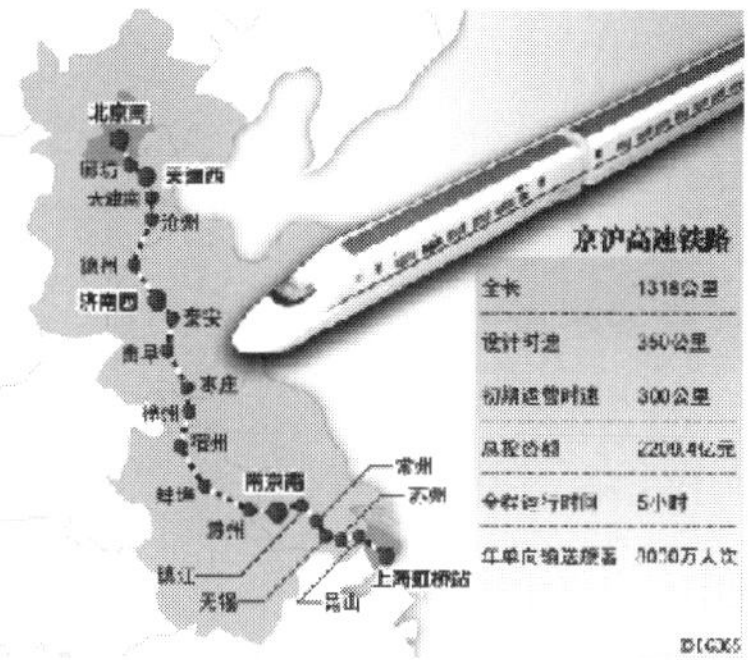

京滬高速鉄道の概略図

既存の京滬鉄道は一〇〇年の歴史を持つ路線である。長い間、中国鉄道輸送が最も頻繁で、能力が最も緊迫している幹線である。それは中国の鉄道の運営線のわずか二%の距離を占めて、中国の鉄道の旅客輸送量と貨物取扱量の一〇・二%と七・二%を負担し、輸送密度は中国全国の鉄道の平均輸送密度の四倍である。

各データは一つの事実を裏付けている。長期的に緊迫状態が続き、全線が緊迫し、全面的に緊迫が高まっている北京―上海鉄道は、旅客と貨物が混在する鉄道の一大幹線として、旧線の拡張改造だけでは存続が難しくなっている。

京滬高速鉄道の建設は、中国鉄道のたゆまぬ追求である。一九九〇年十二月、鉄道部は『京滬高速鉄路線案構想報告』を完成した。一九九三年十二月、鉄道部は国家計画委員会に『京滬高速鉄道プロジェクト建白書に関する報告』を提出した。

京滬高速鉄道の総工費は一千億元を超える。このような巨大な投資は、慎重な論証と科学的な決定を経なければならない。「建設するか否か」、「どのような技術で建設するか」をめぐって、専門家や学者らが十年間論争してきた。

中国鉄道は寝て待つことはしない。論争がどんなに激しくても、鉄道マンは依然として自分の夢を守り続け、科学研究者は依然として執拗に高速鉄道の研究に没頭し、設計者は依然として黙々と設計案を最適化している。鉄道第四探査設計院では、前後して二〇〇〇人余りが京滬高速鉄道の探査設計に参加した。彼らはこの十年にわたる論争と準備期間を利用して、設計案を絶えず適正化・最適化し、設計の下図は少なくとも二十万—三十万枚に達した。二〇〇八年に京滬高速鉄道が着工したとき、四十二歳のシニアエンジニアである靖仕元氏はすでに白髪が目立つようになった。彼によると、南京—上海区間の路線設計だけでも数限りなく書き上げる必要があった。「もともと京滬高速鉄道のこの区間は既存の京滬線に沿って建設されたもので、両路線間の距離は数十メートルしかなく、カーブが多く、速度も制限されるし、エネルギー消費も大きい。検討と論証を繰り返し、現在両路線の距離は八—十四キロメートルに達した」

京滬高速鉄道に車輪軌道を採用するかリニア技術を採用するかという争いは八年間続き、一九九八年から社会が注目するホットスポットとなった。二〇〇六年二月、国務院は京滬高速鉄道プロジェクト提案書を承認し、ついに京滬高速鉄道が高速輪軌技術を採用して建設されることを明らかにした。「車輪・レール」が「リニア」に勝利したカギは、その技術が成熟し、既存の鉄路網と互換性があり、しかも建設費が相対的に低く、車輪・レール技術の一キロメートル当たりの建設費がリニアの三分の一にすぎないことだ。

長期にわたる論争と論証、政府はずっと実事求是（合理的に物事の真理を追求すること）と科学的民主を堅持し、務実（実を実行すること）と理性を明らかに示した。十分な論証と科学的な比較選択を経て、皆は一歩一歩認識を統一し、その後の高速鉄道の発展のために有利な条件を作り出した。

京滬高速鉄道の事前準備は万端だった。一九九〇年のプロジェクト誕生期から、二〇〇八年の着工まで、十八年にわたって研ぎ澄まされてきた。鉄道部が全線を挙げて、組織設計のエリートと科学研究の専門家、現場の調査研究、前期論証、科学研究の難関突破、調査・設計、プランの比較選択、設備製造、施工組織、国内外のコンサルティングなどの各方面をめぐって多くの仕事をし、知恵を出し合い、研鑽を重ね、科学的な設計・施工プランを立案し、四〇〇件以上の科学研究・検査を完了し、高速鉄道の建設と運営管理の一連の重要・重大技術を全面的に突破した。

二〇〇八年四月十八日、京滬高速鉄道が全線で着工した。

この瞬間、全線で戦闘ラッパが吹かれた。この背景には、改革開放三十年の中国総合力の向上、技術的難関を突破する四〇〇件以上の科学研究試験、京津都市間、武広高速鉄道、鄭西高速鉄道の実践経験の蓄積、京滬高速鉄道の設計プランの絶え間ない改善と最適化がある。

京滬高速鉄道の全線は入札に合格し、鉄路内外の最精鋭の設計・施工・管理監督チームが集まり、設計院七カ所、鉄道局の施工部門四十三カ所、

2008年4月18日、京滬高速鉄道の着工式

管理監督部門二十八カ所、大小合わせて二〇四の施工区域や施工ユニットが対象となり、施工チームはピーク時に十三万人余りに達した。

着工早々、世界一流の高速鉄道を建設することに目標照準を合わせ、鉄道部は京滬高速鉄道を運営検証、実践検証、歴史検証に耐えられる一〇〇年のプレミアムプロジェクトにすることを求めた。

実際の運行により、京滬高速鉄道の主要技術基準は現在の世界の高速鉄道の中で最高であり、各技術指標はいずれも一流水準に達していることが証明された。

京滬高速鉄道は世界で一度の工事で完成した路線が最も長い高速鉄道で、それ以前に海外で一度の工事で完成した高速鉄道の路線が最も長いのは六二〇キロメートルを超えていなかった。京滬高速鉄道はまた、技術基準が世界最高の高速鉄道であり、それ以前の世界最高時速は三二〇キロメートルだった。技術基準は速度、密度、安全性に具現化されており、京滬高速鉄道は運行期間中の旅客の安全を確保することを前提に、運行時速を三五〇キロメートルにまで上げることが求められている。密度は最小追跡間隔時間である三分、つまり三分に一本の列車が運行することになる。

速度と安全は京滬高速鉄道建設の核心である。安全とスピードは矛盾しない。ハイテクシステム、品質と管理の一式によって保障されている。高い安定性、高い乗り心地、高い信頼性、高い安全性、高い快適性が高速鉄道を評価する中心的な言葉となっている。

京滬高速鉄道の技術的な難しさと複雑さは「高速鉄道技術博物館」と言える。前例がないため、京滬高速鉄道建設の多くの難題は世界中を探しても答えを見つけることはできない。

京滬高速鉄道の速度と安全は科学技術革新に支えられている。「京滬高速鉄道科学技術革新計画」によると、京滬高速鉄道建設に投入された科学研究費は累計三億元近くで、組織設計・施工、設備製造、鉄道運輸企業、大学、科学研究院・研究所は力を集中して科学技術難関突破を行い、遠距離深層水橋梁の建造技術、大トン数橋梁の製造と架設技術、路床沈下と構造変形の制御技術、工事構造の耐久性保証技術、Ⅱ型スラブ式バラストレス・レール敷設技術などの面でいずれも突破を成し遂げた。

鉄道の路床は静荷重のみを受ける工民建築基礎と異なり、動荷重を受ける比較的小さい鉄路とも異なる。高速列車の高周波動荷重の作用下で、高速鉄道の路床は十分な動剛性を持っていなければならない。

軟弱土の路盤処理 CFG 杭の施工

一九八三年、フランスはＴＧＶ東南線のアミアン―アベベイル間の軟弱地盤の線路で、列車が時速一五〇―一八〇キロメートルに達すると、線路に二十ミリの沈下が生じ、地割れが発生した。

京滬高速鉄道のスラブ軌道構造では、路床工事後の沈下制御基準を十五ミリとする必要があるが、線路は華北、長江中・下流の二大平原を通り、軟土、軟弱土が広く分布し、深部まで存在しており、高速鉄道の路床が深い軟弱土の中に根を張ることは容易ではない。軟弱土の路床の沈下を最小限に抑えるため、二〇〇五年、京滬高速鉄道会社はＣＦＧ杭、鋼管杭、キャリア杭などの鋼性杭複合地盤の試験研究を実施し、十数校の関連専門家を集め、廊坊、済南、鳳陽などの試験区間を設立し、理論分析と試験室試験を結合し、鋼性杭複合地盤の作用メカニズムを発見し、ＣＦＧ杭の杭本体の新材料を開発した。鋼性杭複合基礎理論と一連製造技術の形成・応用に伴い、全線路床施工作業後の沈降抑制目標を達成した。

京滬高速鉄道は全線で無炭殻レール技術を採用しており、従来の枕木の下に石炭殻を敷くのではなく、レールの下にＣＲＴＳⅡ型レール

CRTS タイプⅡ軌道スラブへのコンクリート注入

板を一枚ずつ敷き、全線合わせて四十万枚以上を敷き、国内で初めて使用された。軌道板はコンクリートを原材料として、コンクリートは十六時間以内で四十八メガパスカルの脱型強度にならなければならない。最初は超微細セメントや特殊な混和材を採用したが、コストが高く、品質管理が難しかった。科学研究者は多くの実験・研究により、中国国内のポルトランドセメント、フライアッシュ、鉱粉、非凝結遅延型減水剤で構成された軌道板材料体系を開発し、軌道板のコストを減少させられただけでなく、技術も成熟し、品質の制御が容易になった。軌道板の敷設において、鉄道部は全線の科学研究の力を集め、ＣＡモルタルの形成メカニズムを研究・突破し、モルタルの安定性を高めた。施工中は一千枚ごとに二枚のパネルを剥がして抜き取り検査し、モルタルの表面と断面の品質はすべて合格した。

品質は工事の魂であり、安全保障の源である。工事が始まった頃、鉄道部京滬高速鉄道建設総指揮部は十三種類、二六七項目の標準化作業指導書、二〇八項目の標準化施工工程作業要点カード

高速列車が陽澄湖を跨ぐ

を作成した。縦にも横にも隅々まで、すべてをカバーする標準化管理体系を確立し、敢えて本気で硬直にぶつかり、「源の確認、プロセスの制御、精密な管理」の品質方針と「試験先行、初作品の認可、モデルケースによる道案内」の品質管理措置を強く貫徹して実行する。

工事規模が大きく、設計基準が高く、施工要求が厳しく、制御に難点が多いという特徴に直面し、京滬高速鉄道は土木建築工事を工業製品として扱い、機械化、工場化、専門化、情報化で支え、標準化管理を強く推進している。機械化は工事の進展を速め、工場化は部品の製造基準を規範化し、専門化は工事の品質を保証し、情報化は精密な管理を後押しした。

京滬高速鉄道は「入念な設計、入念な組織、入念な管理、入念な工事」という四つの「入念」という言葉でまとめることができる。京滬高速鉄道の品質の高さの源は、一ミリのズレにも必ず拘ることにある。品質管理の「ノーミス」を堅持してこそ、工事品質の「ノー欠陥」を確保することができるのである。

京滬高速鉄道斉河北梁場

路床は単なる盛り土工事ではなく、構造物として設計および施工され、さまざまな堅固な杭基礎がそれを支え、地中深くに埋められる「根」となっている。この一列一行の深さが数メートルないし数十メートルに達し、CFG杭を含む数万の各種杭群縦隊が、一本の「地下長城」を構成し、京滬高速鉄道のレール敷設後のゼロ沈降の実現を確保した。中国鉄道もこれにより、高速鉄道建設の軟弱地盤沈下制御技術を全面的に把握することができた。

京滬高速鉄道は海河、黄河、淮河、長江の四大水系を跨ぎ、既存の鉄道、高等級道路、通航河川二一五カ所を跨ぎ、全線の橋梁比率は八〇・四％に達し、最長の丹陽―昆山特大橋は一六四キロメートルに達し、これにより二四四の長橋梁、三十万本以上の杭基礎、三・二万本の橋脚、三八七カ所の特殊構造橋梁ができた。高い平滑性が必要なことを満たすため、高速鉄道橋梁の梁面の平坦度基準は極めて高く、四メートル範囲内の不平坦度が三ミリメートル未満という要求を満たさなければならず、一本一本の橋梁が高速列車を支えるまっすぐな背骨となる。

京滬高速鉄道の軌道プロジェクトではⅡ型軌道板が大量に採用されており、四十万枚以上の軌道板が工場化されて生産されたもので、レール受け台の研磨精度は〇・二ミリで、多くの労働者が刺繍作業をしているようだと主張している。二〇一〇年に中国水力発電集団の三区間プロジェクト部は五・四万枚の軌道板の敷設を完了したが、完成時にそのうち三枚に微小なひび割れがあることに気づき、彼らは直ちに京滬高速鉄道済南指揮部の常務副指揮長に現場調査を依頼した。この指揮長は「品質に影響を及ぼさなくても、基準に基づいて断固として交換しなければならない。京滬高速鉄道の建設において決して悔いを残してはならない」と言った。

以前は角度測定精度が六秒の計器で鉄道工事の測量要求を満たすことができたが、角度測定精度が一秒の自動目標探索型全駅計はすでに京滬高速鉄道Ⅱ型軌道板と高速分岐器板の精密調整測量に用いられている。

正確な測量、計算、プレキャスト、設置、調整により、けん引給電システムの精度が「センチメートル単位」から「ミリメートル単位」に跳ね上がった。

京滬高速鉄道の建設現場で最も使用頻度の高い言葉は「ミリ単位」だ。設計・施工から管理監督まで、線路・トンネルから橋梁の施工まで、軌道板の生産から研磨まで、架線網から信号工事の調整まで、それぞれ「ミリメートル単位」の制御基準は工事の各段階の全過程を貫いている。

2011年6月30日、京滬高速鉄道の先頭列車が出発している北京南駅

京滬高速鉄道全線の主体工事の設計上の耐用年数は一〇〇年以上、バラストレス軌道構造の耐用年数は六十年以上が求められている。中国鉄道は、「ミリ単位」で練り上げられた京滬高速鉄道が、安全と速度の検査に耐えられると確信している。

二〇一〇年十二月三日、京滬高速鉄道先導区間の共同で試験調整と総合試験を通して、中国産次世代高速列車が時速四八六・一キロメートルを出し、鉄道運営試験の世界最高時速を記録した。

京滬高速鉄道は二〇一一年五月、半年間の試験調整を経て、軌道、架線網、列車制御システム、列車の空気動力学、橋梁動力学、振動騒音など十七種類六〇〇以上のサブ項目の六〇〇〇以上のパラメーターのテストを行い、検査列車の試験距離は累計六十万キロメートルを超え、全線工事の品質一次検査合格率は一〇〇％となった。

十三万人の精鋭大将が、春夏秋冬の試練を経て、寒さと暑さの洗礼を受け、粘り強く奮闘し、三十八か月連続して奮闘した結果、京滬高速鉄道はついに二〇一一年六月三十日に開通した。

京滬高速鉄道は中国東部の人口が最も稠密な地域を通過し、東部の希

高速列車の点検・保守

少な土地資源を最大限に節約するため、全線で「橋上敷設がベストなら橋、地面敷設がベストなら地面」の建設案を守り、元の設計案より敷地を一万三〇〇〇ムー以上節約し、二四〇〇万立方メートルの土地を守った。全線の梁場と板場ではすべて土地の復元作業を行って、地元政府と民衆の称賛を得た。

京滬高速鉄道は省エネと環境保護の交通手段であり、建設者は生態環境を保護することを使命としている。路線は蘇州市の重要水源地である陽澄湖を七回にわたり通過し、一八一基の橋脚台と一八五八本の杭の基礎を建設したにもかかわらず、周辺の水質と土壌の「汚染ゼロ」を維持し、七十種類以上の魚介類の生産量を削減させないという奇跡を成し遂げた。高速鉄道の長竜は碧水青空と渾然一体となっており、陽澄湖は依然としてその名の通り明るく澄み切っている。

時速三〇〇キロメートルの京滬高速鉄道の一〇〇キロメートルあたりのエネルギー消費量は三・六%で、バスの三〇%、小型乗用車の一一%、航空機の一〇・八%と、各種輸送機関の中で最も省エネだ。駅ビルの屋根を覆うソーラーパネルからヒートポンプ暖房技術まで、京滬高速鉄道は大量の新材料、新技術、新設備を採用し、資源節約と省エネ・排出削減を実現した。

二〇一三年六月三十日、京滬高速鉄道は二歳の誕生日を迎えた。

この二年間、猛暑、厳寒、豪雨、吹雪、雷、ひょうの試練、春運、ゴールデンウィーク、連休の旅客ラッシュの試練に関わらず、京滬高速鉄道は運営の安全性と安定性を維持し、サービスの質が優れ、総合効果が著しく、社会の反応も良好である。

二年間、この黄金の通路はその巨大な輸送潜在力を世界に示した。北京と上海の両都市は五時間弱で直通し、沿線七省市の「陸の便」となった。ピーク時には毎日二一〇本の列車が運行されている。多本数化された運行パターンは旅行客の移動に便利で、ますます多くの人が「千里の京滬が一日にして帰る」の高速と便利さを満喫している。二〇一三年二月二十八日、京滬高速鉄道の旅客輸送人員は累計で一億人の大台を突破した。運営二年間の累計旅客輸送人員は一億二七七四・五万人、ピーク時の一日の旅客輸送量は三三・一万人に達した。

この二年間、京滬高速鉄道は沿線の京津冀・魯・皖・蘇・滬の七省・市を結び、全人口の四分の一をカバーし、沿線地域の経済、観光、文化などの方面の発展をバックアップしてきた。それは沿線産業の絶え間ないグレードアップをもたらし、昆山、蘇州などの都市におけるハイテク産業の集積効果は明らかである。沿線二十四駅の観光客数が急増し、二〇一二年には滕州市だけで観光客八〇八万人、観光収入三九・六億元を達成し、前年同期比三八・三％増、二二・二％増となった。

さらに重要なことは、京滬高速鉄道は渤海沿岸と長江デルタという二つの経済圏の間にエネルギー、資本及び人員が即時に移動できる通路を設置し、二つの経済圏を一つにつなぎ、この巨大な「ダンベル式」経済ベルトを中国経済の発展において戦略的地位を有する「南北経済回廊」にしている。

千百年前、先人が建設した万里の長城と京杭大運河は、人類工学史上の二大奇跡を生み出し、中国の広大な版図に巨大な「人」の文字を描いた。

今日、中国の人民は再び奇跡を起こし、世界一流の京滬高速鉄道を建設したが、この「人」の字の下にまた一つ重要な支えが加わった。

京滬高速鉄道は、世界の鉄道史に色鮮やかな一ページを描き残した！

4　京広路線開通　中国が背筋を張る

二〇一一年の中国の高速鉄道建設のハイライトが京滬高速鉄道の開通だとすれば、二〇一二年のハイライトは北に直通の哈大（ハルビン—大連）と中部を貫く京広線である。

二〇一二年十二月一日、氷と雪に覆われた東北地域は、お祭りの

2012年12月1日、中国が自主開発したCRH380B型高速列車がハルビン西駅を出発

ような歓喜の日を迎え、ハルビン—大連高速鉄道が開通し運営が始まった。

哈大高速鉄道の営業距離は九二一キロメートルで、南は海岸都市大連から始まり、北は氷の都市ハルビンに至る。遼寧、吉林、黒竜江の三省を縦貫する。これは「四縦四横」の京哈高速鉄道の重要な構成要素である。

哈大高速鉄道は世界で初めて運行を開始した新たな極寒高地の高速鉄道である。それまでは世界でロシアと北欧だけが、氷点下40℃以下の気候条件で運行する極寒鉄道を保有しており、総延長は七〇〇キロメートルに満たなかった。最高速度で運行しているのはモスクワ—サンクトペテルブルク間の高速鉄道だが、これは二五〇キロメートルで二十分以内で到着する。

二〇〇七年八月二十三日、哈大高速鉄道は正式に建設を開始した。七万人の建設大軍が一致団結して、風や雪にも負けず、橋梁、軌道、駅舎と四電回路（通信、信号、牽引給電、と電力給電の四つのシステム）の集積工事をメインとし、極寒高速鉄道工事の難題を解決す

極寒高速列車が哈大線を疾走し、吹雪の試練に耐えた

ることを重点とし、新たな段階の戦いを展開した。

慢性的な路床凍結問題に対して、工事では路床凍結の深さの範囲内に非凍結性フィラーを埋め、低路堤地域に凍結防止レーンを設置し、路床間排水はレール板の台座内にパイプを設置して外に排出するなど一連の強化措置を行った。

分岐接点の融雪の難題を解決するため、哈大高速鉄道沿線の駅、線路管理所、車両管理所の全てに分岐点融雪装置が設置され、屋内と屋外の二つの部分から構成されている。操車センターと各駅には遠隔と駅の二段階制御の端末装置が設置されており、自動で起動することもできるが、手動で操作することもでき、高速鉄道が吹雪や厳寒の条件下で安全に運営できるようになる。

哈大高速鉄道はひび割れ防止の双方向プレストレスＣＲＴＳＩ型スラブ軌道構造を採用している。鉄道部は科学研究を展開して難関を突破し、構造設計の最適化から着手し、軌道板の厚さを増し、板面にレール台、暗号台の伸縮スリットを設置するなどの措置を講じて軌道構造の低温適応性を高めた。寒冷地の技術性能を満たすＣＡ

北緯 42 度以北の寒冷地域に建設された高速鉄道——哈大高速鉄道

モルタルを開発し、軌道構造の脆弱ポイントを克服した。

哈大高速鉄道が運行する時速三五〇キロメートルの中国産CRH380B型極寒動車組列車は、沿線の低温、多雪、温度差大、長距離などの輸送需要を満たすために開発・計画されたもので、技術指標、経済指標ともに世界のトップレベルに達している。

哈大高速鉄線は橋の割合が高く、数量が多く、構造が新しく、クオリティーへの要求が厳しい。全線で中型橋以上の橋梁一六二箇所、総延長六六二・七キロメートルで、路線総延長の七三・三%を占める。普欄店湾特大橋は長さ四・九六キロメートルで、渤海の普欄店湾を横断している。施工会社は周囲にエビやナマコ養殖場があることを受け、『環境保護管理方法』を制定し、防水布を調達し分離帯を設置し、生産・施工中の廃材や廃棄物による養殖池の水質汚染を防止した。

哈大高速鉄道は全線にハルビン西、長春西、瀋陽北、大連北など二十一の駅を設置している。新しく建設された駅であれ、改造された既存駅であれ、いずれも立派な建築スタイル、省エネ・環境保護の設計理念、高効率で便利なサービスを持ち合わせていることから、一〇〇〇キロメートル近い鉄道線に輝く真珠となっている。

哈大高速鉄道の建設は質の高い規範と、迅速で秩序があった。五年間の奮戦を結晶させて橋を架け、遼寧と瀋陽の大地はすっかり風貌を変えた。二〇一二年十二月一日、哈爾濱—大連間の九二一キロメートルをわずか四時間で結ぶハルビン高速鉄道が開通し、北東アジア経済圏の中核地帯と渤海沿岸経済圏の「シームレスなドッキング」を実現した。

哈大高速鉄道の開通・運営は、東北三省の人の流れ、物流、情報の流れを促進し、東北と関内の広大な地域との時空間距離を短縮し、東北の古い工業基盤を振興するための、重要な戦略的意義を持っている。

さらに大きなサプライズは二十五日後にあった。二〇一二年十二月二十六日、世界最長の高速鉄道である京広高速鉄道が全線開業した。時速三五〇キロメートルで設計され、首都北京と広州の時空間距離二二九八キロメートルを陸上交通で八時間以内に縮めたもので、中国の高速鉄道網の南北の「鉄の背骨」と呼ばれる。

京広高速鉄道は全長二二八一キロメートルで、北京、河北、河南、湖北、湖南、広東の「五省一市」を貫く。全線に北京西、保定東、石家荘、邯鄲東、新郷東、鄭州東、武漢、長沙南、株洲西、衡陽東、広州南など三十六駅を設けている。

この世界最長の高速鉄道は三つの区間に分けて建設・開通・運営されている。

京広高速鉄道の武漢―広州区間の運行距離は一〇七九キロメートルで、二〇〇五年六月二十三日に率先して着工し、二〇〇九年十二月二十六日に開業した。この高速大動脈により、武漢―広州間の旅客列車の運行時間は三時間に短縮された。

京広高速鉄道は鄭州―武漢区間の営業距離五三六キロメートルで、二〇〇八年十月十五日に建設工事を開始し、二〇一二年九月二十八日に開通した。鄭州―武漢間の列車運行時間は従来の最速四時間二十八分から一時間五十六分に短縮され、黄河―長江を高速で繋ぎ、鄭州―武漢間の高速往来が実現した。

北京―鄭州区間のうち、北京―石家荘区間は二〇〇八年十月七日に着工し、石家荘―鄭州区間は十月十五日に着工し、着工日はわずか八日差で、そして二〇一二年十二月二十六日に開通した。これは「画竜点睛」のような最後の仕上げであり、二二八一キロメートルの京広高速鉄

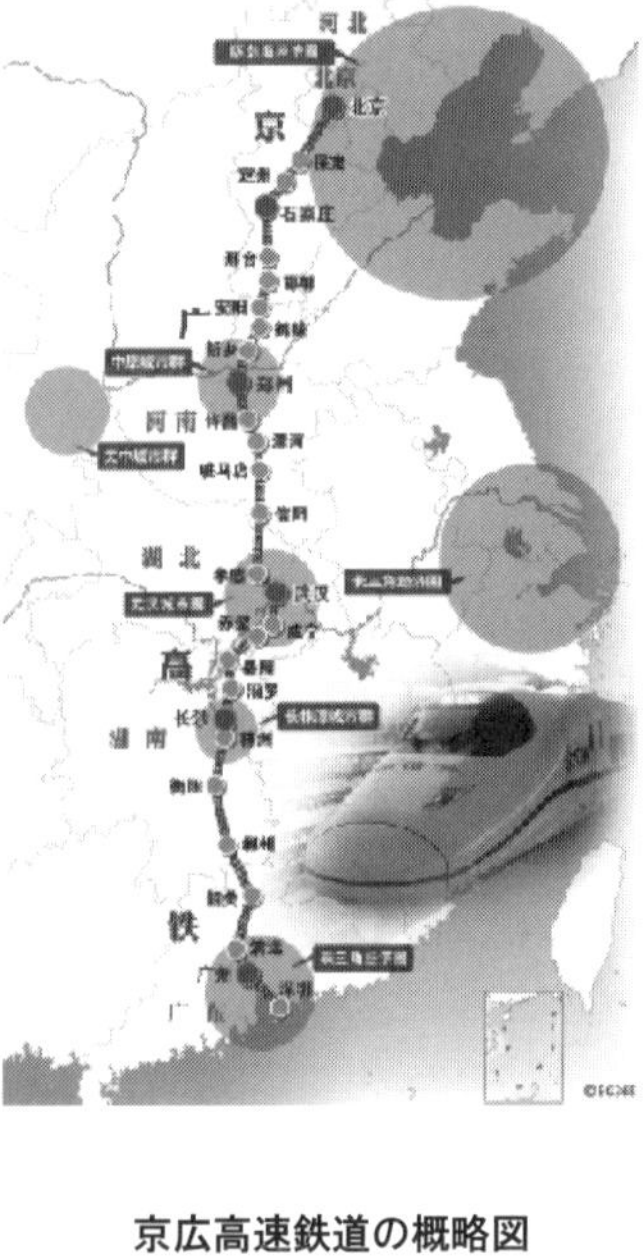

京広高速鉄道の概略図

道を全線開業させ、高速鉄道の運営地図上でこの待機する巨大竜を一挙に活性化させた。

広範囲にわたる線路は中国を流れるかのようで、深く一筋に南北を貫いている。一代の偉人、毛沢東は生前、「一線が南北を貫く」京広鉄道に特別な情を持っていた。武広高速鉄道と京鄭区間はいずれも十二月二十六日の毛沢東生誕記念日に開通し、中国鉄道にとってこの偉人の最高の記念となった。

京広高速鉄道は『中長期鉄道網計画』における「四縦四横」高速鉄道の重要な「一縦」であり、華北・華中・華南地区を結び、温帯・亜熱帯気候の分布エリアと海河・黄河・淮河・長江・珠江など多くの水系を跨ぎ、平原・低山丘陵・高く険しい山々を通り抜け、軟土・軟弱土・膨張土・溶岩など多くの鉄道建設には適していない地質に直面している、中国で現在建設基準が最も高い高速鉄道の一つだ。

京広高速鉄道沿線の複雑な地質条件、巨大な工事難度、運営が直面する各技術的難題を解決するため、鉄道部門は計四十三件の科学研究課題を手配し、系統的に技術革新作業を展開した。

高速列車が京広高速鉄道清遠北江特大橋を通過

工事技術の面では、軟土、軟質土、膨張土などの地質条件の悪い路床の設計・施工技術の難題を解決し、長江、黄河などの大きな河川を跨ぐ橋梁技術の難題を解決した。

武漢天興洲長江大橋は橋梁本体の全長が四六五七メートル、橋のメインスパンが五〇四メートル、橋の路面には四つの鉄道線を敷設し、中国初の四線道路・鉄道を組み合わせた斜張橋で、スパン、荷重、速度、幅の四つの項目で世界第一位を記録した。汀泗河特大橋は主橋一四〇メートルで、京珠高速道路を跨いでいる、現在世界最大の鋼箱系アーチ橋である。株洲特大橋は全長四三八〇メートル、メインスパンは一四〇本の鋼梁系鋼アーチで、世界で唯一無二のものでもある。一〇〇〇キロメートルを超える大型且つ長距離の幹線の高速鉄道で、且つスパン一四〇メートルの鋼箱系アーチ橋に、初めて一六八メートルの鋼コンクリー

武漢天興洲長江大橋

ト連続ビームに一ミリの精度でバラストレス軌道を敷設した。

京広高速鉄道のトンネルは主に華南の高く険しい山々に集中している。武広高速鉄道は全線に二二六のトンネルがあり、路線総延長の約一九％を占めている。長さ三キロメートル以上の長いトンネルは十二ヶ所あり、最も長いトンネルは大瑶山1号トンネルで、全長は一万八十メートルである。京広高速鉄道は大型且つ長距離の開通に成功した。

京広高速鉄道は大断面トンネルの設計・施工技術の難題も解決した。全長四・九八キロメートルの石家荘地下六線トンネルは、中国の現在のトンネルの断面が最大で、構造断面パターンが最も多い鉄道トンネルである。その建設は中国鉄道の都市トンネルの建設レベルを大いに向上させた。

運営技術面では、京広高速鉄道全線でバラストレス軌道構造、時速三〇〇―三五〇キロメートルの高速動車組技術、接触網大張力吊り下げ技術、中国高速鉄道列車運行制御システム（ＣＴＣＳ―３）を検討・採用した。

大瑶山３号トンネルの入口

京広高速鉄道の三十六駅は風格が異なり、きらびやかで美しい姿をしており、まるで真珠が沿線にこぼれ落ちているかのようである。二〇一二年九月二十八日、鄭州東駅は鄭武区間の開通に伴い正式に開業した。この中原省都の駅（鄭州東駅を指す）は雄大な武漢駅には及ばず、秀麗な広州南駅には及ばないかもしれないが、「四縦四横」を主な骨格とする高速旅客輸送網の中で、京広と徐蘭の二本の鉄道旅客輸送専用線の「十字」の交差点に位置しており、中国鉄道網の中でも重要な中枢である。総建築面積は四十一万二〇〇〇平方メートルである。プラットホームは十六、発着線は三十二本ある。さらに一代の偉人である毛沢東の六十年前の宿願を実現したことに特別な意義がある。

一九五二年十月末、毛沢東は専用列車で鄭州に到着した。当時、京広、隴海両鉄道の動脈が交差する地点に位置する鄭州駅は異常なほど輸送量が膨れ上がっていた。毛沢東は鄭州駅のホームに降り立ち、遠くに伸びる鉄道を眺めながら、当時の鉄道部部長だった滕代遠に、鄭州が中国において重要な中枢の地位であることを高度に重視すべきだと述べ、「鄭州駅を極東最大の、最も完備された旅客輸送の大駅にするべきだ」と指示を出した。

新たに建設された鄭州東駅は開業後、鉄道旅客輸送、道路旅客輸送、都市間鉄道、地下鉄および都市公共交通などさまざまな交通方式の「乗り換えゼロ」を実現し、人々に利便性の高い「完全完備の旅客輸送の巨大駅」となった。

二〇一二年十一月二十九日、京広高速鉄道の疾走する列車の中で、中国工程院、科学院の院士（中国における最高の学術称号）二十七人および専門家数十人が、高速鉄道の安全性、快適性、利便性を身をもって体験した上で十分に評価し、高速鉄道は新中国成立以来、最も偉大なプロジェクトの一つだと称賛した。彼らは、中国の高速鉄道は自主的イノベーションに成功しただけでなく、産業化も実現し、世界でトップの地位にあると述べた。

京広高速鉄道は戦略的に中国中部のために「鉄の背骨」を張り、沿線の主要都市間の同都市化（離れた都市でありながらも、ひとつの都市であるかのように便利なことを指す）、地方都市化、工業化、情報化のさらなる「スピードアップ」を推進し、沿線の約四億人の人口が小康社会（まずまずのゆとりのある生活ができる社会）の全面的形成に向けて急速に邁進することを力強くけん引している。

京滬高速鉄道に続き、京広高速鉄道はその構成図にもう一本の「黄金通路」を加えた。京広高速鉄道に乗ると、北京―広州間が八時間以内に短縮され、北京―長沙間が最速五時間四十分、北京―武漢間が最速四時間十七分、北京―鄭州間が最速二時間三十分、北京―石家荘間が最速一時間七分となり、いずれも従来より移動時間が二分の一以上短縮された。

京広高速鉄道は高速・大密度・多本数化の運行モデルで、旅客が待ち時間なしに移動することができ、京広高速鉄道の旅客数は持続的に増加している。京広高速鉄道は二〇一三年十二月二十六日に一周年を迎え、輸送旅客総数は六八四五万人以上となった。京広高速鉄道は武漢都市群、長株潭都市群、中原都市群、環渤海都市群、珠江デルタ都市群を一つに結び、沿線都市の人と物流の幅広い相互作用を実現し、「大京広」高速鉄道の経済的・社会的効果が際立っている。

京広高速鉄道が全線貫通した後、沿線二十八都市の多くが都市発展の重心を高速鉄道駅のあるエリアに傾けることを選択し、工業団地と経済開発区が建設され、沿線の産業移転を大きく推進し、地域の工業化と情報化のプロセスを加速させた。珠江デルタ地域の多くの企業は産業のグレードアップと移転を急ぐ必要に迫られているが、京広高速鉄道の開通はそれらの都市が産業移転を実施するきっかけを提供し、新たな経済発展の重要な発動機となった。湘南地区は武広高速鉄道の開通後に正式に国家級受注産業移転モデル地区として認可され、湖南省と珠江デルタとの連結の主要橋頭堡（橋のたもとに構築する陣地）となった。

「今日、一日千里、広大な国土を駆け回る京広高速鉄道に乗ってあなたのもとに帰ってきたとき、あの頃追い求めていた夢がもう目の前に花を咲かせていることに突然気づいた」二〇一三年三月、中国中央テレビの司会者が京広高速鉄道に乗って両会（全国人民代表大会・全国政治協商会議）に参加するために北京入りした代表委員にインタビューした際、この詩を朗読し、多くの人々の共感を呼んだ。

三　「動車組」　風を追う鉄竜

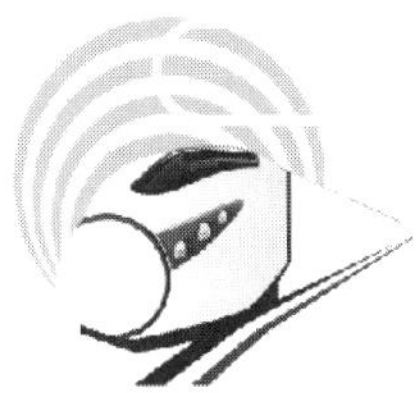

昔、「列車の速さは、先頭車両のスピード次第だ」という俗言があり、「先頭車両」というのは客貨車を牽引する機関車のことである。しかし、高速鉄道の列車は「動車組」であり、自ら駆動する能力を有しているので、牽引専用の機関車を設置する必要はない。

動車組とは、動力車（動力を持つ）と付随車（動力を持たない）が共同で構成した自力駆動・編成固定・前後どちらの方向にも操縦できる旅客列車のことである。

中国鉄道による動車組の研究開発は一九五八年から始まった。一九九〇年代以降、鉄道車両業界では、動車組に関する国家的な大型技術開発プロジェクトが数多く実施された。一九九九年、時速二〇〇キロメートルの「藍箭」号が広州―深圳線で運行開始。二〇〇二年に秦皇島―瀋陽旅客線で行われた総合試験走行では、「先鋒」号は二九二キロメートル、「中華之星」号は三二一・五キロメートルの走行速度を記録し、中国鉄道の動車組に対する飽くなき探求とイノベーションを反映した。

二〇〇四年四月、国務院は「先進技術の導入、設計・生産の協力、中国ブランドの構築」という基本方針を明確に打ち出し、中国高速鉄道の導入・革新・超越という新しい発展の道を切り開いたのである。

この六年間で、中国鉄道は、既定の方針と目標に従って、三つの段階に次々と進んだ。第一段階――導入・消化・吸収・再創造を通じて、中国は時速二〇〇―二五〇キロメートルの高速列車製造技術を会得し、高速鉄道先進国となった。第二段階——時速二〇〇—二五〇キロメートルの高速鉄道技術を会得した上で、時速三五〇キロメートルの高速列車を独自に開発・生産し、中国の高速鉄道技術が世界先進水準に到達したことを示した。第三段階——時速三五〇キロメートルの高速列車技術をベースに、中国鉄道は時速三八〇キロメートルの新世代高速列車の開発・生産に成功し、中国高速列車技術の発展は世界においても新しい領域に到達したことを示した。

「両岸の猿声啼いて住まざるに、軽舟已に過ぐ万重の山」二〇〇四年に高速鉄道技術を導入した中国は、「中国製造（Made in China）」から「中国創造（Created in China）」へと華麗なる変身を遂げた。

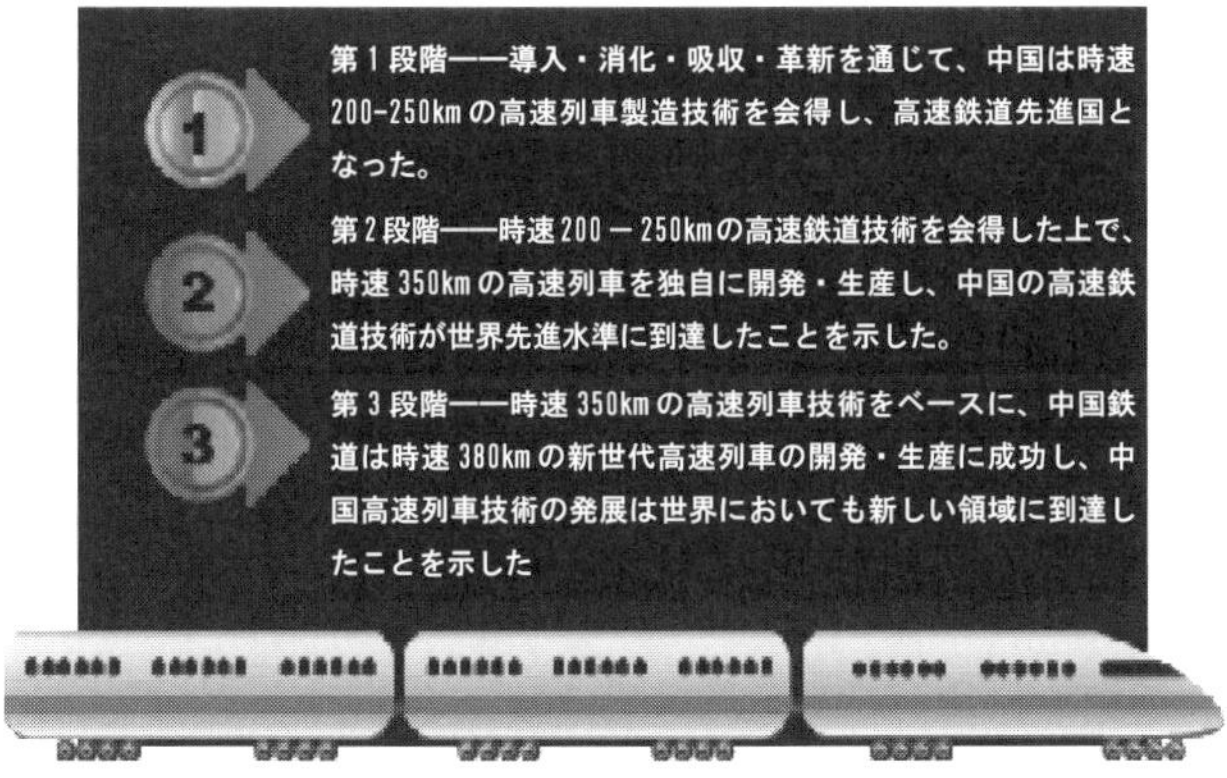
1
第1段階——導入・消化・吸収・革新を通じて、中国は時速200-250kmの高速列車製造技術を会得し、高速鉄道先進国となった。
2
第2段階——時速200－250kmの高速鉄道技術を会得した上で、時速350kmの高速列車を独自に開発・生産し、中国の高速鉄道技術が世界先進水準に到達したことを示した。
3
第3段階——時速350kmの高速列車技術をベースに、中国鉄道は時速380kmの新世代高速列車の開発・生産に成功し、中国高速列車技術の発展は世界においても新しい領域に到達したことを示した

中国高速鉄道技術革新のイメージ図

氷を砕く旅　「藍箭」「先鋒」号「ブレット」列車

中国鉄道による動車組開発の発足は遅いものではなかった。早くも一九九八年六月の時点で、南昌と九江の間にはすでに「廬山」号動車組が運行していた。当時、中国に高速鉄道はなかったが、大幅な高速化が実施され、中国国産の動車組が都市間鉄道に登場し、旅客の間では「ブレット列車」と親しく呼ばれていた。鉄道だけでなく、都市部の地下鉄や路面電車も動車組の範疇に入る。

世間にあまり知られていないが、実は中華人民共和国が成立して間もなく、中国鉄道部は動車組の開発に着手した。一九五六年七月、鉄道部は『一九五六―一九六七鉄道科学技術発展遠景計画概要（仮）』の中で、低重心軽快車・自動列車・近郊用客車などの研究を企画した。一九五八年九月、四方機車車両工場（現・南車四方機車車両株式有限会社）は、移動式二両と二階建ての客車四両からなる中国初の二階建て機械動力列車「東風」を設計・製造し、青島―煙台線で試験走行を行い、最高速度七十四キロメートルを記録した。一九六〇年十一月、四方工場は普通席八両・一等席一両・荷物車一両からなる定員四四四名の新しい低重心列車を開発した。薄いアルミニウム合金の外層で流線型の形になっているこの列車は、北京―天津線で試験運転を行った。

一九七八年十二月開催した中国全国鉄道科学技術会議では、『一九七八―一九八五年中国鉄道科学技術発展計画概要』が採択され、時速一六〇キロメートル以上の高速動車組の開発が提案された。一九八八年、長春客車工場・株洲研究所・鉄道科学研究院が協力し、設計速度一四〇キロメートルの交流電気動車組「ＫＤＺＩ」を開発したが、当時の運輸環境や条件によって実際の運行には至らなかった。一九九三年から一九九五年の間に、四方工場によって開発・生産された二台の内燃式公務動車「天安」は、それぞれ北京鉄道局と瀋陽鉄道局に配属され、鉄道事故処理の指揮と巡回点検に用いられた。

機関車車両工業は、国家の先進生産力と近代文明の象徴である。旧中国は貧しくて弱かったため、当時使っていた機関車はすべて輸入品だった。一九四九年までに中国が保有していた一九八種類の合計四〇六九両の機関車は、九カ国の三十軒以上の工場から輸入されたもので、当時の中国は「万国機関車博物館」とも呼ばれていた。

中華人民共和国建国後、鉄道工業の技術者達は一九五〇年代に蒸気機関車と内燃機関車、一九六〇年代初頭に電気機関車を作り上げた。改革開放以降、鉄道車両産業は発展を加速し、内燃機関車輸入の歴史に終止符を打った。一九八八年には中国最後の蒸気機関車の製造が終了し、内燃機関車と電気機関車が主役の新時代が始まった。そして二十世紀九十年代に入ると、鉄道工業は「高速化・高負荷化」の方向を軸に技術改造を加速し、製品の品質に関わる全般的な向上に拍車をかけた。

五十年の発展を経て、中国鉄道が確立した機関車製造・修理の工業システムは全カテゴリーをカバーし、合理的な構造配置を整え、合計三十六社の子会社と三十万人以上の従業員を擁している。二〇〇〇年十二月十五日、鉄道部と中国鉄道車両工業総会社は政府と企業の分離を行った。鉄道部から切り離された後、工業総会社は中国南方機車車両工業グループ（南車）と中国北方機車車両工業グループ（北車）に再編され、中国鉄道機械産業の発展に活力を吹き込んだ。

一九九七年四月一日、中国鉄道は第一次の大幅な高速化を実施した。これを機に、中国の動車組は市場に向けて「氷を砕く旅」を始め、急速な発展期を迎えた。

一九九九年には、時速二〇〇キロメートルの電気列車「藍箭」が広州—深圳間で運行を開始し、中国の動車組が高速領域に参入したことを示した。フランスの新聞紙『Le Figaro』は、「これは、中国が外国の技術力を借りず、完全に自力で高速鉄道を建設するための第一歩である」と記した。

当時、最も注目を集めたのは電気動車組の「先鋒」と「中華之星」である。

二〇〇二年九月後に成都南西と重慶の間で走っている「先鋒」号は、秦皇島—瀋陽旅客線で行われた総合試験走行で二九二キロメートルという当時中国の最高時速を記録した。「先鋒」号は、中国で初めて交流—直流—交流送電伝動・コンピュータネットワークによる列車制御・

秦皇島 - 瀋陽旅客線で走っている「先鋒」号列車

マイクロコンピュータ制御直通電空協調制御システムを採用した動車組である。

「中華之星」号とは、動力車二両と付随車九両で構成され、全列車ネットワーク・ロジカル制御と自己診断機能を備えた動力集中型の交流電気動車組である。総定員七二六名、設計時速二七〇キロメートルの「中華之星」号は秦皇島―瀋陽旅客線で行われた総合試験走行で三二一・五キロメートルの最高時速に到達し、瀋陽と山海関の間で運行されていた。

先頭車両が流線型の形をしているため、動車組列車は旅客の間で「ブレット列車」と呼ばれている。一九九八年から二〇〇二年までの五年間、中国全土の鉄道線では数十本の動車組が走っていた。動車組という新型列車の運行により、鉄道旅客輸送に対する国民の多様なニーズに応えることができた。「ブレット」列車が奔走している時に見える流れるような大地の景色は、旅客鉄道輸送に新たな活力をもたらした。

中国鉄道の「氷を砕く旅」として、主に短・中距離の旅客輸送に使用される当時の動車組はまだ技術的に不完全な部分が多く、時速二〇〇―二五〇キロメートルの高速鉄道の開発も始まったばかりだったが、それでも道を塞ぐ氷を砕き、目指す目標を明らかにした。五年の開発と運営を経て、中国鉄道製造業では、四方・長客、唐山・株機などの動車組製造のリーディングカンパニーが誕生し、そしてチームを鍛え、技術を磨き、経験を積み重ねてきた。体勢を整え、力を蓄えている彼らのおかげで、世界を驚かせるであろう中国の高速鉄道技術の飛躍的な発展はすぐそこにある。

大加速　十六年は長すぎて中国鉄道はそんなに待ってはいられない

長年の発展を経て、当時の中国鉄道機関車車両製造の水準は向上していたが、先進国に比べればまだ明らかな格差があり、とりわけ機関車車両の安全性と設備の性能は高くなかった。二〇〇キロメートル級の動車組はまだ開発段階で、システムインテグレーションや交流伝動などの鍵となるテクノロジーも未熟であり、材料や製造技術の向上が必要だとされており、安全性・信頼性の需要を満たすことは難しかった。

このような技術基盤の上で、独自の研究開発で動車組の技術水準を向上させ続けることも不可能ではなかったが、時速二〇〇キロメートル以上の動車組技術を体系的に会得するには少なくとも十―十五年はかかると思われた。時速二〇〇キロメートルの既存線路の大幅な高速化が迫り、旅客線の建設もすでに進行中で大規模な着工を控えていた当時の中国には、高速動車組の整備が急務であった。

中国鉄道は、人類共同の文明成果を活用し、後発ながらも優位性を形成し、やがて先進国に追いつくことができるだろうか。技術・貿易の協同で海外の高速動車組技術を全体として導入し、消化・吸収・再創造を通して徐々に現地化を実現し、中国ブランドを構築することはできるだろうか。

この目標は遠大で苦難とリスクを伴うものだが、必ず実現しなければならない。

二〇〇三年八月三日、鉄道部設備現代化指導グループは、技術導入プロジェクトの運営と実施戦略を検討するための会議を開催した。八月二十九日、南方車両グループ、北方車両グループ、鉄道科学研究院と高等教育機関のシニア学者・研究者・専門家・教授を集め、鉄道設備の現代化を加速するための座談会を開いた。十一月二十九日、鉄道部は『鉄道車両設備の現代化を加速するための実施概要』を審議し、採択した。

二〇〇四年四月一日、国務院は鉄道車両設備関連問題検討会議を開き、『鉄道車両設備関連問題検討会議議事録』を発表、「先進技術の導入、設計・生産の協力、中国ブランドの構築」

という基本方針を打ち出した。そして優先的に支援すべき六工場を特定し、消化・吸収・再創造を通じて技術を導入し、現地化を実現するプロジェクト運営モデルを確立した。

これによって、鉄道設備の現代化は中国の国家意志となり、中国鉄道史上最大の導入・消化・吸収・再創造プロジェクトがスタートした。

二〇〇四年七月二十九日、国家発展改革委員会と鉄道部は共同で『高出力交流伝動機関車技術の導入と国産化に関する実施計画』と『時速二〇〇キロメートル機関車技術の導入と国産化に関する実施計画』を発表した。

目標の提出から決断を下し、具体的な実行案を決めるまでの過程で、国務院の指導部から国家発展改革委員会と鉄道部、そして鉄道車両研究・製造企業に至るまでの間、各部門が多くのプロセスを経て何度も研究を重ね、進められてきたのである。中国鉄道設備の近代化はわずか一年で、急速発展の「早道」に乗り出すことになった。

国務院が確立した鉄道設備の近代化に関する一般要求に従い、鉄道部が検討と比較を繰り返し、具体的な実行案を確立した。鉄道部の指導と「先進、成熟、経済的、適応、信頼できる」の技術基準のもとで、中国国内企業を主体とし、コア技術の会得を目指した。具体的には、中国鉄道という巨大な市場を活かし、国内の研究・設計・製造企業が団結し、先進技術を低コストで導入し、消化・吸収・再発明を行い、現地生産を実現した。狙いは三―五年後に中国ブランドの高速鉄道車両を作り出すことだった。

二〇〇四年六月十七日、『人民鉄道』誌と中国購買・入札サイトが同時に入札募集の公告を発布した。その公告によると、中華人民共和国鉄道部は、国内鉄道の旅客輸送のニーズの高まりに対応するため、時速二〇〇キロメートルの鉄道動車組を十両編成二〇〇列で調達するということだった。そして、入札者は海外先端技術の支援を受けた国内企業限定だと、公告に明記されていた。

高速鉄道技術を長い間独占してきた日本・フランス・ドイツ諸国はキーテクノロジーを軽々しく手放すわけがなく、中国が大金を払っても肝心の技術が得られるとは限らないという懸念もあった。

それに対して、中国鉄道も相手の動きを計算しながら自分なりの予測を立てていた。日本、フランス、ドイツなどの先進国の高速鉄道は数十年の発展を経て、全体的な輸送施設の建設はほぼ完了し、設備製造市場は基本的に飽和状態であった。一方、中国は世界最大の鉄道開発の新興市場になりつつあった。

高速鉄道車両の設計・製造技術を握る四つの国際大手グループであるドイツのシーメンス、フランスのアルストム、日本の川崎重工業、カナダのボンバルディアの四社が中国鉄道という巨大市場に目をつけ、合弁会社による入札を提案した。鉄道部は、外国側が中国企業に技術を全面的に譲り、国内企業が他者に依存せず、自らキーテクノロジーを会得し、国産化を実現した中国ブランドを構築することを強く求めていた。鉄道部は国内のリソースを集約し、国際大手グループと交渉を始めた。

二〇〇四年七月開札後、フランスのアルストム、日本の川崎重工業、カナダのボンバルディア社は中国企業との協力で落札した。

二〇〇五年、ドイツのシーメンス社も中国側の条件を受け、唐山軌道客車有限会社と共同で落札した。

一般的には、市場と技術の交換がもたらす結果は二種類ある。一つは、中国企業が主導権を握り、独自の知的財産権の保有を重視し、中国自身のブランドを構築すること。もう一つは、キーテクノロジーの主導権を海外勢に譲り、国内で組み立ての下請け事業をするという技術協力で妥協することである。

中国鉄道は、一つ目の条件を選ぶことにブレはなかった。技術の導入段階では、「バトルロイヤル」のような内部競争を行わず、鉄道部が一括して入札募集を行い、力を合わせて技術導入の目標――「低コストで最先端のキーテクノロジーを全面的に導入し、そして国産化率の最大化」を実現した。

鉄道部をはじめ、南車と北車の関連企業まで、上層部から下層部まで明確な目標を持ち、一致団結していた。技術導入は単なる設備の購入ではなく、海外の先端技術を中国で消化・吸収・会得し、国産化を達成することである。また、設計図だけでなく、設計の理念や製造の手順、デザイン、管理、メンテナンスや標準化なども導入しなければならなかった。

鉄道部の采配のもと、中国鉄道車両製造業でメインフレーム製造や備品開発に関わる企業八社が技術導入のチームに入った。これらの企業は、以前の「先鋒」や「中原之星」などの動車組開発で経験を積み、優秀な技術チームと洗練された技術力を有していた。中国南車四方株式会社と中国北車長春客車株式会社、唐山客車会社は、カナダのボンバルディア・日本の川崎重工業・フランスのアルストム・ドイツのシーメンスから技術を導入し、高速動車組の協同設計・製造に着手した。

それから三年、中国企業は、これまで動車組を開発・生産した技術基盤で、消化・吸収・再創造を強化し、五万点の部品に関わる車体構造・牽引制御・ブレーキシステムなどの九つのキーテクノロジーと集電装置・エアコンシステムなどの十の主要一連製造技術を会得し、時速二〇〇―二五〇キロメートルの動車組の中国技術基準体系を基本的に形成し、動車組の国産化を実現した。

二〇〇六年九月二十八日、中国初の時速二〇〇キロメートルの国産CRH2型動車組列車『和諧号』は、中国南車四方株式会社によって製造を完了した。

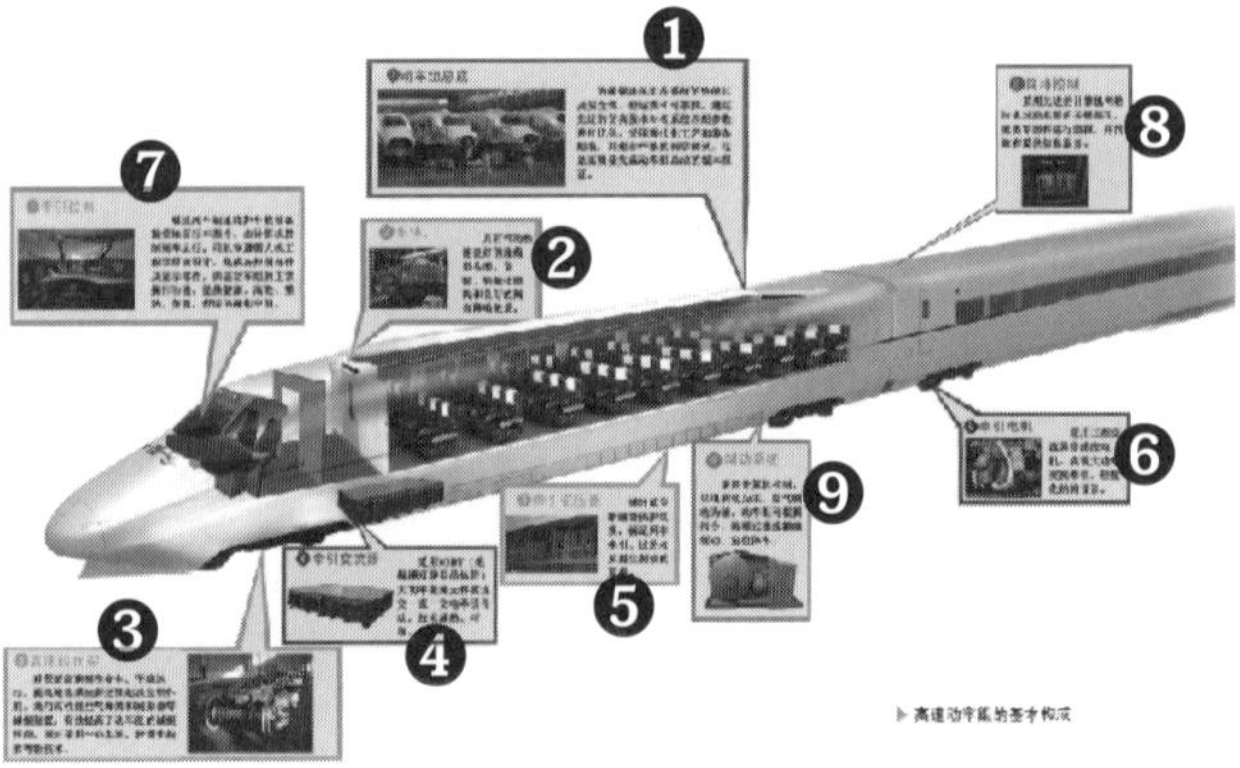

高速鉄道動車組車両の基本構成

❶ 組み立て

鉄道車両のシステムの性能、安全性、快適性、信頼性を確保するため、高度なシミュレーション技術によってシステムの適合パラメータを最適化し、最新の技術と設備で組み立て、科学的に厳密な試運転を行う。これは、鉄道車両組立の高い品質を保証するための基本的なものである。

❷ 本体

車体は、空力特性に優れた流線型のヘッド形状、幅広で軽量な構造、遮音性・静粛性に優れた構造となっている。

❸ 高速台車

高速鉄道の安全かつ円滑な運行と乗客の快適性向上に決定的な役割を果たしており、車両の衝撃吸収性能を効果的に向上させるために高性能の空気ばねやショックアブソーバーなどの衝撃吸収装置が使用され、中空車軸や軽量フレームなどの新技術が採用されている。

❹ トラクションコンバータ

IGBT（絶縁ゲートバイポーラトランジスタ）ハイパワーコンバータは、成熟した、信頼性の高い技術で、AC-DCトラクションドライブを実現するために採用されている。

❺ トラクション・トランスフォーマー

真空遮断器の保護スイッチングにより、列車牽引、過電圧、回生ブレーキの要件を満たすことができる。

❻ トラクションモーター

三相交流非同期誘導電動機を採用し、高出力交流トラクション、軽量構造設計を実現。

❼ トラクションコントロール

列車速度保護車両装置を通じて、地上走行指示を受け入れ、列車の運行を制御するコンピュータがある。運転室は人間工学に基づき設計され、鉄道車両の正常な運転機能を確保するために様々な制御部品や表示部品を統合し、健康的で効率的、かつ美しく快適な運転空間を提供する。

❽ ネットワーク制御

高度なコンピューターネットワーク技術により、鉄道車両の主要部分や重要部品の監視、乗客への情報提供サービスを行っている。

❾ ブレーキシステム

コンピュータ制御を採用し、電気ブレーキを主機能とし、空気ブレーキを補助機能とすることで、指示通りのモードカーブで正確に鉄道車両を制動、停止位置決めすることが可能。

二〇〇七年四月六日、中国産初の時速二五〇キロメートルのCRH5型『和諧号』動車組列車は中国北車長春客車株式会社によって製造を完了し、これによって北部の高海抜寒冷地帯などの特殊地域で運行する列車のニーズに応えた。

「忽如として一夜　春風来たりて、千樹萬樹　梨花開く」（忽然と急にある夜、春風が来たかのように、たくさんの木々に真っ白な梨の花が咲いたかのように雪が積もった）二〇〇七年四月十八日、中国鉄道第六回大幅な高速化が行われ、一四〇組の時速二〇〇キロメートル以上の「D」動車（G列車に次ぐ二番目に高速の列車）がデビューした。新華社の記者は「三年研鑽、一朝驚嘆」という八文字で、驚喜する国民の気持ちを表した。

中国鉄道は、二〇〇〇キロメートル以上の動車組のキーテクノロジーを会得し、その国産化率も七〇％以上に達した。これより、中国は『和諧号』という独自の高速列車を有するようになっ

アルミ合金製車体構造

付随車の台車

た。

二〇〇四年、中国が高速鉄道技術を導入した際、海外の鉄道関係者は中国の技術者に「焦るな、まず二〇〇キロメートルの技術を習得するのに八年、さらに三五〇キロメートルの技術を習得するのに八年かけたほうがいい」とアドバイスした。彼の目では、これで十分速いように見えていたのだ。なにしろ、日本の新幹線は二一〇キロメートルから三〇〇キロメートルまでのスピードアップに三〇年近くかかったからだ。

しかし、中国鉄道にとって、十六年は長すぎて待ってはいられない！

中国鉄道は、中国産の時速二〇〇―二五〇キロメートルの動車組をベースに、持続的な高速化のための技術基盤を速やかに構築し、直ちに時速三〇〇―三五〇キロメートルの車両開発に乗り出した。

もっと困難で、もっとエキサイティングな超越は、まだまだこれからだ。

3 「中国創造」 六年で三段を上る

動車組は動力装置の種類によって内燃動車組と電気動車組に、動力の配置方式によって動力集中型動車組と動力分散型動車組に分けられる。動力分散型動車組は、高い牽引力、軽い軸重、良好な始動・加速性能、高度な信頼性、高い編成自由度、低い運用コスト、乗客定員数が多いことなど多くの利点があり、動車組の将来の発展目標とされていた。

中国鉄道が外国の高速鉄道動車組技術を導入した際、国情や鉄路事情を踏まえて、世界先端の動力分散型動車組を選択した。中国鉄道科学研究院の黄強主席研究員は、長年、高速動車組の研究に従事し、一時は動車組の全体設計を担当していた。一九九五年、四十九歳の黄強は、中国「第九次五カ年計画」重点科学技術研究プロジェクト「高速試験列車の技術条件に関する研究」を統括する総責任者に任命された。彼が世界高速鉄道の発展動態を追い、ドイツ・フランス高速鉄道の動力集中型動車組と日本高速鉄道の動力分散型動車組を比較した結果、動力分散型車両は乗客定員数と編成自由度の面で優れており、中国の国情に適合していることが分かった。一九九六年から二〇〇一年まで、黄強は技術全般を担当し、中国初の動力分散型動車組「先鋒号」の開発を主導した。黄強は、中国の高速列車は動力分散型動車組を採用すべきだと明確に主張した。二〇〇四年からは鉄道部動車組連合事務室に出向し、技術専門家として全体設計を担当した。高速動車組の導入にあたり、鉄道部は黄強の提案を受諾し、動力分散型動車組を選択した。

海外の動車組技術を導入するということは、海外の動車組の設計通りにそのまま製造すると思っている人もいるが、実はそうではない。中国が導入・製造した動車組は、中国自身の設計に基づくものである。中国動車組の全体設計を担当する黄強は、自分の仕事を「始終をつかみ、途中過程も手を抜かないこと」と表現した。まず、中国の国情に合わせた高速動車組のシステム統合とコンセプト・プロジェクト・技術の設計を担当し、そして確立した設計案を中国・海外の共同事業メーカーに引き渡し、細部の工事設計と製造を行うことであった。そして、動車組の原型車が試作された後の試験研究、安全性評価などの仕事であった。黄強は主に両端の全体技術責任者を担当し、中国・海外の共同事業メーカーとコミュニケーションをとり、設計理念を解説・実現した。

二〇〇六年九月、時速二〇〇キロメートルの中国製動車組が製造ラインから走り出したとき、多くの海外の同業者たちは、少なくともこの先十年の間は中国がこの技術レベルにとどまるだろうと考えていた。

しかし、中国鉄道はそれにとどまるどころか、むしろさらなる先を読み、第二段階への進撃を計画していた。鉄道部は将来を見越して率先して鉄道設備製造業界全体の資源と人材を統合し、時速三〇〇―三五〇キロメートルの動車組の開発を始動した。具体的には、四方株式会社・長客株式会社などの基幹会社が牽引役となり、鉄道科学院・株洲研究所・四方研究所などの中国国内中堅企業が設計や製造の骨幹となった。

中国鉄道の高速・高密度・大容量・長短距離結合の輸送ニーズと、多変で複雑な気候・地質状況などの環境特徴に対して、黄強は旅客数変動に適応する再連結可能な八両編成の技術構想と技術的な鍵と解決策、安全性・快適性・信頼性などのトップ指標体系、高速動車組のシステム構成、十六のサブシステムからなる中国独自のシステム配置構想など、各速度区間の高速動車組の全体技術案を策定した。鉄道製造企業の各社は一致団結し、動車組を時速二〇〇キロメートルから三〇〇―三五〇キロメートルに持続的にスピードアップさせる技術基盤を構築した。

中国鉄道は、二〇〇―二五〇キロメートルの動車組技術を体系的に習得した上で、車輪・軌道力学、気動力学制御、車体構造などの技術創造により、三〇〇―三五〇キロメートルの動車組技術基準体系を構築した。

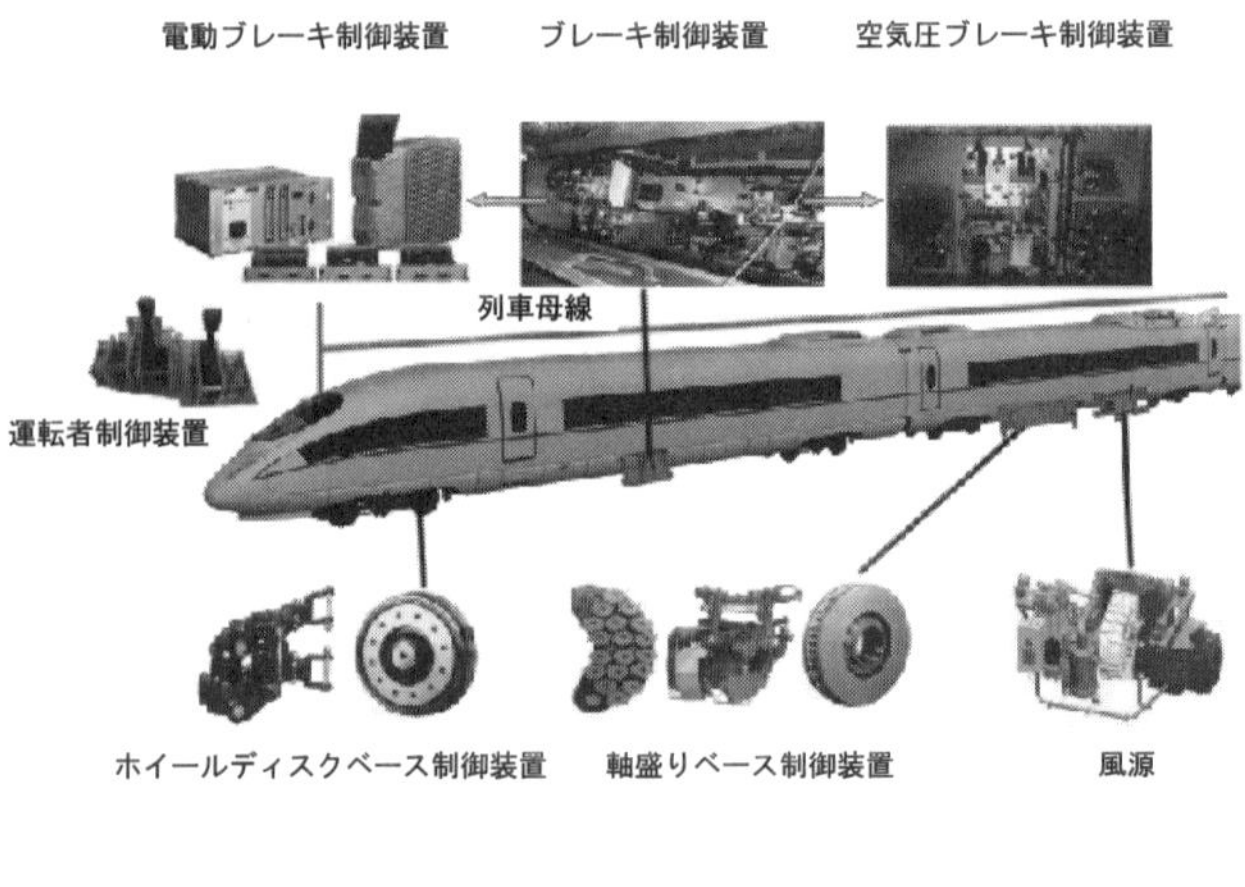

高速列車のブレーキシステムの重要な部品

中国南車四方株式会社の前身は、ドイツが一九〇〇年十月に膠済鉄道を建設するために作った四方工場であった。一〇〇年の歴史を持つこの工場は、今回の技術導入を機に、高速動車組のキーテクノロジーを習得・突破するために、「製造型企業」から「創造型企業」へ転身するという重大な戦略選択を率先して行った。

二〇〇七年十二月二十二日、時速三〇〇キロメートルの中国産動車組「ＣＲＨ２―３００」は南車四方株式会社において製造に成功した。

時速三〇〇キロメートルというのは、第二段階の初級目標に過ぎなかった。誰が時速三五〇キロメートルの中国産動車組を最も早く開発できるか？製造各社ははやし立てながら開発のペースを加速した。

二〇〇八年四月十一日、中国北車唐山客車会社で時速三五〇キロメートルのＣＲＨ３動車組の製造を完了し、中国鉄道技術設備の近代化領域でもう一つの大きな成果が挙げられた。

唐山客車会社（前身＝唐胥鉄道修理工場）は、中国最初の鉄道工場で、早くも一八八一年六月に中国初の簡易蒸気機関牽引駆動の石炭運搬車を製造した。二〇〇五年にシーメンスの技術を導入した後、唐山客車は消化・吸収・再創造を通じてキーテクノロジーを突破し、動車組製品の新たな技術基盤を構築する機会をつかんだ。

新造のＣＲＨ３動車組は、世界各国で洗練された高速動車組技術を導入し、中国鉄道旅客輸送ニーズの特徴に合わせて最適化されている。例えば、空気抵抗や騒音を低減する流線型のエアロダイナミクスデザインを採用し、軽量アルミニウム合金を溶接して作られた車体、高速台車・衝突に強い車体構造・独自の耐火設計を用いた設計で速いスピード・快適な乗り心地・高い安全性能の実現、各種機能設備の故障を効率的に検出・予測・対処できる車載用技術診断システム、密閉性が高いため、高速走行中やトンネルを通過する際には列車外の圧力波の影響から乗客を守ることができることである。

二〇〇八年六月二十四日、北京—天津都市間鉄道での共同試験運転では、中国産動車組CRH3が当時の中国最高速度である三九四・三キロメートルを記録し、中国の高速鉄道技術がすでに世界のトップレベルに到達したことを証明した。

中国鉄道が開発・製造したCRH3型動車組

高速列車操縦室

さらなる高い志を抱く中国鉄道は、世界の先進的な水準に達したという第二目標に満足することなく、時速三八〇キロメートルの高速列車という第三目標を目指し、研究開発を急いだ。

この新世代高速鉄道は、交流伝動技術、複合ブレーキ技術、高速台車技術、高強度軽量材料と構造技術、抵抗・騒音低減技術、密閉技術、新世代の制御・診断技術などの最新技術成果を体系的に統合したものである。海外にもない新世代高速列車を開発するためには、中国鉄道の力だけでは足りず、全国の科学者が一致団結し、上質な科学技術資源を集約し、高速鉄道のキーテクノロジーに関するイノベーションを大いに推進した。

二〇〇八年二月二十六日、北京釣魚台で科学技術部・鉄道部は『中国高速列車自主革新共同行動計画合作協議』に調印した。行動計画によると、中国高速鉄道技術体系の確立・整備は時速三八〇キロメートルの新世代高速列車の開発・運行を中心に行われる予定であった。

政府主導、企業主体、市場志向、プロジェクト連携、産学研用（生産・学習・研究・応用の略称）並行の技術革新の場が急速に確立された。そこには、機械・材料・力学・情報・自動制御・電力電子などの関連分野のトップ専門家が集まり、中国科学院・清華大学・北京大学などを含む三十近い国内トップの研究機関や大学に所属する六八人の院士と五〇〇人以上の教授がこのプロジェクトに参加した。中国南車、中国北車傘下の中堅企業十社を核に、数万名の科学者が優れた産学研用イノベーションチームを形成した。

中国高速列車の空気力学最適化設計は、中国科学院力学研究所が担当しており、その技術の多くも同研究所の航空宇宙力学の研究に基づくものであった。プロジェクトの進行中には、研究所と企業と大学との連携が大変順調であった。例えば、先頭車両の外形設計だけでも四方株式会社との協力で、二十種以上のプランを立て、数値解析や風洞実験、さらに同済大学の自動車風洞での騒音試験などを繰り返し、振動・騒音の低減に最も効果のあるプランを選定した。

両部の共同行動計画のおかげで、南車四方株式会社、北車長春客車株式会社、北車唐山客車株式会社の主要な製造会社は、自身のイノベーション能力を素早く強化した。三社は相次いで高速列車システム統合国家工程実験室を建設し、数百社の支援中核層企業を育成し、巨大なハイテク研究開発・製造産業チェーンを形成し、次第に中国鉄道設備製造分野のトップ企業になっていった。

新世代高速列車の開発課題をめぐり、両部の協力で中国全国の科学力を合わせて難関を切り抜け、業界から「国家科学技術計画と重大工程プロジェクトの結合の模範だ」と好評を得た。二年あまりにわたる苦労の末、二〇一〇年五月二十七日、中国北車長春客車株式会社は新世代高速鉄道列車ＣＲＨ３８０Ｂの一号車を作り上げた。

この日は、長客株式の高速車両製造基地の第一期工事が完了した日でもあった。この基地の落成は、長客株式の高速動車組の生産規模・製造水準・研究開発・検査能力が世界の最先端に達したことを示している。設計生産能力に基づき、当基地は動車組一〇〇〇本・都市鉄道車両一二〇〇―一四〇〇本・普通鉄道客車五〇〇両・台車六〇〇〇個を年間生産することが可能である。

長客に続き、南車四方と北車唐山も二〇一〇年後半に高速動車組CRH380A型とCRH380BL型を開発した。

中国は、システムの最適化と技術革新により、より速く、より安全で、より快適で、より優れた省エネ・環境保護指標を持つ新世代高速動車組を開発した。新世代の高速動車組は、高度な気密性と気密ボディ、先進の騒音・振動低減技術、強動力グリーン（省エネ型のことを指す）

CRH1 型動車組

CRH2 型動車組

CRH3 型動車組

CRH380 型動車組

CRH5 型動車組

牽引システム、インテリジェント制御・インテリジェント診断監視などの十大システムのイノベーションを実現した。

二〇一〇年十二月三日、新世代高速動車組CRH380Aは、北京―上海線の棗庄―蚌埠区間で行われた総合試験で時速四八六・一キロメートルを記録し、鉄道運転試験における最高速度の世界記録を更新、中国の高速鉄道開発の新しい座標となった。

時速四八六・一キロメートル、これはボーイング社航空機の離陸速度に相当するスピードである。この試験での脱線係数・輪荷重軽減率・車軸横力の最大値はそれぞれ〇・一三、〇・六、十六で、基準値の〇・八、〇・八、四十八より下回っている。専門家によると、列車の速度が三大係数の制限パラメータ内であれば、安全性は保証できるそうだ。

科学的なデータがすべてを物語っている。CRH

主要な高速鉄道国の最高営業速度

中国	ドイツ
武漢―広州 走行距離：1079km 営業最高速度：350km/h 2009 年運営開始	ニュルンベルク - インゴルシュタット 走行距離：88km 営業最高速度：300km/h 2006 年
フランス	日本
ヴァランス―マルセイユ 走行距離：295km 営業最高速度：320km/h 2001 年運営開始	新大阪―博多 走行距離：554km 営業最高速度：300km/h 1972 年運営開始

380は高度な安全性だけでなく、空力抵抗を一五・四％、空力騒音を七％低減し、そしてトンネル通過時や二車両が出会う際の気密荷重も五〇％ほど高めた。CRH380動車組列車は、高度なインテリジェント「頭脳」であるC3列車制御システムを搭載し、「進むべき時に進み、止まるべき時に止まる」を可能にすると同時に、列車に対して常時速度監視を行い、速度超過を防止している。

高速鉄道技術の発祥地はヨーロッパであるが、一九六四年に最初の新幹線を開通させたことによって、日本は高速鉄道のパイオニアとなった。一九八一年、フランスが最高速度二七〇キロメートルのTGVを開通させ、斬新な高速鉄道を披露したことによって、一気に日本を超えた。ドイツの高速鉄道技術は優れてい

主要な高速鉄道国の試験最高速度

国家	実験最高時速	時間	実験車型	路線
フランス	380.4	1981年9月	TGV-PSE	パリ - リヨン
	515.3	1990年5月	TGV-A	パリ - ルマン トゥール試験線
	574.8	2007年4月	V-150	パリ - ストラスブール
日本	425.0	1993年12月	STAR21	上越新幹線 燕三条 - 新潟
	443.0	1996年7月	300-X	米原 - 京都
ドイツ	406.9	1988年5月	ICE-V	ハノーファー - ヴュルツブルク
中国	486.1	2010年12月	CRH380A	京滬高速鉄道 棗荘 - 蚌埠

たが、高速鉄道の建設は遅れており、最高速度三〇〇キロメートルのＩＣＥ高速鉄道が開通したのは一九九一年のことであった。四十年余りの発展を経て、高速鉄道技術は、日本・フランス・ドイツの三つの独自開発技術大国を代表する、それぞれ次第に独自の特徴を持つ技術体系を形成した。高速鉄道技術で後発ながらも優位性を持つ中国は自身の国情に基づき、日本・フランス・ドイツの高速鉄道技術のノウハウを吸収し、それぞれの長所を活かして自主的なイノベーションを行い、中国独自の高速鉄道技術を形成した。

中国鉄道は、China Railways High-speed の頭文字をとってＣＲＨシリーズという独自の鉄道動車組ブランドを作り上げた。ＣＲＨシリーズの動車組はすべて『和諧号』と名付けられた白い列車で、中国ではよく見られるものである。ＣＲＨシリーズは現在、ＣＲＨ１・ＣＲＨ２・ＣＲＨ３・ＣＲＨ５・新世代のＣＲＨ３８０など十数の車種がある（１・２・３・５の生産メーカーは順にＢＳＴ・南車四方・北車唐山・北車長客）。名称については、例えばＣＲＨ３８０Ａの３８０は３８０キロメートルを表し、最後のＡは列車の種類を表す文字である。

中国の動車組が取得した関連特許の合計件数はすでに一〇〇〇を超えた。中国の動車製造業は各種技術の長所を活かして自主的なイノベーションを行うことで、システム統合・最適化改造・総合解決などの分野で強い革新力を備えるようになった。やがて国産化を実現し、独自の技術基準とデザインを形成した。これは中国鉄道設備が既存技術に対する歴史的な超越を実現し、「Made in China」から「Created in China」への転身を果たしたことを世界にアピールした。

二〇一二年五月二十九日に北京で開催された「高速鉄道技術革新国際フォーラム」では、第十二次五か年計画期間中（二〇一一—二〇一五年）、中国高速鉄道技術の発展目標が「系図化・インテリジェント化・グリーン化（省エネ化）」であることを明らかにした。この目標を実現するために、同日、中国高速列車産業技術革新戦略連盟が正式に設立された。

二〇一二年十一月三十日、中国初の時速二〇〇キロメートルのＣＲＨ６型都市間動車組は南車四方株式会社で運行開始された。編成が自由で、大容量、高速起動・停止、便利な乗降、快適性、省エネなどの特徴を持つこの列車で、核心技術やキーテクノロジーの面で完全な国産化を実現した。

二〇一三年九月二十五日、北車長春客車株式が開発した新型高速動車組ＣＲＨ３８０ＣＬが、北京—上海高速鉄道で運行開始した。流線型のアルミニウム合金製ヘッドはこれまで運行して

北京 - 広州線の高速鉄道列車

いた動車組よりも二・六メートル長く、空気抵抗を一二%低減するスリムな外形をしている。車内照明については省エネ型のＬＥＤ光源を採用し、照度を六〇%向上させ、一両編成だけで年間二万キロワットアワーの節電を実現することができる。

中国鉄道はすでに、さまざまな運行要件に対応できる異なる速度の高速動車組列車を設計・製造する技術全般を会得した。二〇一三年末までに、中国鉄道はすでに異なる車種の高速動車組列車を一三一八組運行させた。

緑豊かな北京 - 上海高速鉄道線

四　鉄道工事　逸品の鋳造

高速鉄道はなぜ疾走でき、しかも安全でスムーズに運行できるのだろうか？その理由は自動車と同じで、自動車が疾走できるのは、車の性能だけでなく、スムーズに走行可能な高規格道路、そして効果的な交通誘導があるからである。

高品質な線路、高性能な動車組、先進的な列車運行制御システムが、高速鉄道が安全でスムーズに運行できる三つの基本要素である。

二〇〇四年から、中国鉄道は『中長期鉄道網計画』の実施を機に、高速鉄道が速くスムーズに走るために、高速動車組の開発と高速鉄道の建設に着手し、高品質な線路と先進な列車運行制御システムを提供している。

高速鉄道は建設路線が多く、関係するものが広く、技術的要求が高く、しかも品質への要求が厳しく、路床の沈下量はミリメートル単位に制御しなければならず、架空送電線の平面度は髪の毛一本分ほどの細かさが要求され、通信信号システムには「脳」のように高速鉄道の安全運行を制御することが求められる。

中国中鉄、中国鉄建、中鉄通号会社を始めとする六十万人の鉄道建設隊は、高速鉄道の夢を抱き、世界一流を目指し、難関を突破し、雨の日も風の日も休まずに奔走して苦労し、後へ引くことなく高速鉄道建設の苦しい道のりを歩み始めた。

1　鉄道建設隊

すべての高速鉄道建設は巨大な系統的工事である。中国高速鉄道の工期は海外より速く、一般的には三年から五年程度である。建設プロセスは通常、実地調査・設計、線路・橋梁・トンネル工事、バラストレス軌道、電気牽引と通信信号、駅舎建設、共同調整試験などの六つのプロセスに分かれ、その中のいくつかのプロセスはかわるがわるに実施されている。

すべての高速鉄道建設において複数の部門が協力して作戦を統制する必要がある。高速鉄道建設は主に五つの部門に関係している。建設部門（工事建設指揮部）は、鉄道部を代表して事業主となり、工事建設の調整を全面的に担当する。設計部門（五社の鉄道実地調査設計院）は、工事の前期実地調査設計と施工サービスを担当する。施工部門（中国中鉄、中国鉄建、中鉄通号会社等）、各専門工事の施工を担当する。管理監理とコンサルティング（鉄道内外管理監督とコンサルティング会社）、事業主の管理監督とコンサルティングに協力する運営部門（各関係鉄道局）は、工事後期の共同調整試験と工事検査に参加し、工事の受け入れと運営準備を担当することに重点を置いている。競争の秩序ある鉄道建設市場を構築するために、建設中に実地調査・設計、施工と管理監督・コンサルティングに対して入札募集・入札を実施し、条件に合致する鉄道内外企業を優先的に選び、鉄道建設に参加させる。この五つの部門は協力して「品質、安全、工期、投資、環境保護、安定」という六つの管理目標を実現する。

(1)　中国高速鉄道建設技術標準体系の確立と完備

俗に、「無規矩不成方円」(定規がなければ、方円が成り立たない)と言われる。高速鉄道建設は一定の技術基準に従わなければならず、基準制定を先行させる必要がある。技術基準は先進性・信頼性を備え、しかも経済合理性を示さなければならない。海外の先進的な経験を参考にしながら、中国の実情と結び付けなければならない。

二〇〇五年、大規模な旅客専用線建設の台頭に伴い、鉄道部は適時に『新線建設時速二〇〇—二五〇キロメートル旅客専用線鉄道設計暫定規定』『旅客専用線バラストレス軌道設計ガイドライン』等の主要な技術基準を制定し、同時に橋、トンネル、駅及び四電工事の新技術基準を制定し、技術標準シリーズを段階的に構築した。二〇〇七年三月、国内外の関係基準規定を参考にし、中国旅客専用線鉄道設計コンサルティングの成果を取り入れ、鉄道部はまた『新線建設時速三〇〇—三五〇キロメートルの旅客専用線鉄道設計暫定規定』を作成・発表した。二〇〇九年十二月、京津、武広、鄭西等の高速鉄道建設経験と結び付け、鉄道部の業界基準『高速鉄道設計規範(試行)』を作成・発表し、中国の国情・道路状況に合った中国高速鉄道技術基準体系を形成した。

大量の理論、試験研究と高速鉄道建設実践に基づき、比較的整った中国高速鉄道工事建設基準体系を構築した。異なるスピードの高速鉄道設計の主要な制御パラメーターと基準を確定し、関連基準、共通基準と専用基準を制定・改正し、高速鉄道の全過程「実地調査・設計・施工・検収」に関わる一五二の工事建設業界基準を形成し、中国高速鉄道建設に基礎的なサポートを提供した。

(2)　系統的に高速鉄道設計一連製造技術を習得

中国鉄道業界には第一から第五鉄道調査設計院グループ、中鉄コンサルティング、中鉄上海設計院など十三の設計院があり、従業員総数は約二・六万人である。高速鉄道建設の実地調査・設計において、各設計院は高速鉄道軌道、路床、橋梁、トンネル、総合交通センター、精密測量などの技術に対して原始的且つ統合的な革新、消化・吸収・再創造を行い、各高速鉄道を百年の逸品プロジェクトとして作り上げることに力を入れた。

早くも一九九〇年、鉄三院、鉄四院は京滬高速鉄道の基礎的研究を始めた。実地調査・設計において、技術者は絶えず設計構想と方法を革新し、系統的路線選択の理念を強化し、地質選択路線、計画選択路線、環境保護選択路線、工事行程選択路線などの方案を総合的に運用し、線路を短く、スムーズに、ストレートに、且つ工事の経済性を確保した。彼らは国際最高基準を参照し、実地調査測定を行い、探査点の密度でさえ一般的な鉄道の路床より五倍近く増加させた。

京滬高速鉄道の実地調査過程で、鉄三院は統一の精密工事測量技術案を制定し、京滬高速鉄道沿線にある実地調査・設計・施工・運営で維持する「三網一体型」の精密測量制御網を形成し、バラストレス軌道、橋梁、トンネルなどの施工が精確な制御下で行われることを確保し、京滬高速鉄道の開通運営に確かな保障を提供した。

中国鉄道実地調査設計院は技術力が高く、有名な院士、実地調査設計の大家、専門家、上級エンジニアを有し、その実地調査設計手段も驚くべきものであった。鉄三院の三次元可視化システムは、鉄道の実地調査設計だけでなく、工事施工、運営メンテナンスなどの分野にも応用されている。設計院には総合実地調査、航空測量リモートセンシング、デジタル化、振動・騒音低減の四つの国家サブ実験室と技術研究開発センターが建設されており､高速鉄道実地調査・設計技術の革新に堅固な研究開発の場を提供している。

(3)　空港の滑走路のようなスムーズで安定した線路を作る

「基礎が頑丈でないと、地と山が揺れてしまう」

高速鉄道は運行速度が航空機が離陸する前の速度と同じくらい早く、路床面の「高平滑、高安定」が鉄道の高速、安定、安全な運行を確保することができる。路床の土盛り後はあらゆる建物と同じように沈下するが、高速鉄道における要求は一層高いため、工事後の路床沈下量は十五ミリメートルを超えてはならない。

中国は国土が広大で、地質が複雑で、自然気候が多様である。高速鉄道は東部地域の軟弱土、南方地域の膨張土、南西地域のカルスト、北西地域の湿潤性黄土、東北地方の凍土などの複雑な地質を通過し、最低氷点下40℃、最高47℃の気温条件や強風、海水、干ばつなどの環境に直面している。軟土、軟弱土、黄土地にどのように高速鉄道を建設するのか？どのようにして寒さと雨滴浸食などの悪天候の試練に立ち向かい、線路の長期安定と安全を保証することができるのか？その難易度は世界でも稀に見るもので、高速鉄道をオリジナルで自主開発した国でさえめったに遭遇することがなかったので、中国鉄道自身で解決しなければならなかった。

鉄科院、鉄道実地調査設計院、工程局の数多くの科学技術者は優勢な力を集め、皆で難関を突破し、知恵を出し合い路床沈下という

安定スムーズな高速鉄道線路

「恐ろしい障害物」を制圧した。

　京滬高速鉄道沿線は河道が縦横に走り、通水溝や池が一面に張り巡らされており、泥質の軟らかい土は「やわらかい豆腐」のように支持力に欠けている。どうすれば「やわらかい豆腐」が硬いレールを支え、路床の沈下量を短時間で安定化させることができるのだろうか。京滬高速鉄道会社は専門家と科学技術者を組織し、ＣＦＧ杭などの剛性杭複合地盤試験・研究を実施した。ＣＦＧ杭の主な材料は砕石、フライアッシュ、セメントである。

　施工では、ＣＦＧ杭の上に鉄筋コンクリート板の層または砕石と布で構成された可撓性ネットを設置して、土の中に埋もれた一本のベンチのように、多くの脚（ＣＦＧ杭）で支持して、一本のベンチを組み合わせて路床を支持し、沈下して安定した後に再びレールを敷設する。この独自革新の杭ネット複合地盤技術は、厚く深くしかも柔らかい土の難題を効果的に解決した。

　高速鉄道の路床工事において、中国鉄道は地盤処理、路床の埋立て、辺斜面の防護、沈降・変形の観測・評価などの重要技術の難題を克服

CFG 杭

し、施工設備を研究開発し、一連の施工技術を形成した。異なる地質条件に対して、強力な地固め、攪拌杭、旋回噴射杭、カルスト注入、密杭、CFG杭筏板複合地盤などの異なる方法を選択し、武広高速鉄道カルスト、鄭西高速鉄道湿潤陥没性黄土、哈大高速鉄道の凍結膨張防止などの技術的難題を相次いで解決し、地盤沈下を効果的に抑制した。

(4)　熟練した高速鉄道橋梁の建設技術

橋梁の建造は高速鉄道プロジェクト建設の重要な構成部分であり、国家の科学技術水準及び総合的な国力を代表している。高速鉄道橋梁は十分な強度、剛性、安定性、耐久性を備え、橋梁の各構造の変形を厳格に制御しなければならない。高速鉄道のバラストレス軌道の橋梁は、沈下量が二十ミリを超えてはならず、隣接する橋脚台の沈下量の差が五ミリを超えてはならない。

中国の高速鉄道建設において、橋梁は路線全体の半分以上を占め、一部は八〇%に達している。従来の鉄道橋梁が占める割合は通常一〇%以下である。なぜ中国の高速鉄道は橋が多いのか？これは、橋梁を建設す

鄭州公鉄両用橋

ることで敷地面積を減らすことができる上に、鉄道と道路の交差問題を効果的に解決することができ、橋梁の基礎杭が長く沈下を効果的に制御しやすいため、設計時に「地面を走らせる代わりに橋を架けて走らせる」という新しい考え方を採用したからだ。

中国の高速鉄道の橋梁構造は斬新で、さまざまな姿を見せており、科学技術の発展の結晶であると言える。

京滬高速鉄道丹陽昆山特大橋の長さは一六四・七キロメートルに達し、世界一の長橋である。

京広高速鉄道鄭州黄河公鉄（道路と鉄道）両用橋は、全長二二・八九キロメートル、公鉄（道路・鉄道）共同建設部分の全長九・一七キロメートルで、現在世界最長の公

南京大勝関長江大橋主脚体工事

70トンの傾斜歩行型ハンモック

Q420qE新型鋼材で製造された南京大勝関大橋の橋梁ポール

南京大勝関大橋支持台最大反力18000トン

鉄両用橋（道路・鉄道併用橋）となっている。橋は上下層構造を採用し、上層部は設計時速一〇〇キロメートルの片側六車線、下層部は設計時速三五〇キロメートルの高速鉄道となっており、世界の特大橋の通行速度の新記録を更新した。

中国高速鉄道第一橋といえば、まさに京滬高速鉄道南京大勝関長江大橋のことだ。二〇〇六年七月に着工し、二〇一一年一月に開通し運営を開始した同橋は全長九・二七キロメートルで、京滬高速鉄道、滬漢蓉（上海─成都）鉄道、南京地下鉄が共用する川を渡る通路である。それは橋梁史上「三大一高」の四つの世界一を次のように記録した。

ビッグボディー。それは、世界初の六線鉄道大橋だ。鋼材の総使用量は八・二万トンで、武漢長江大橋の四倍に相当し、橋脚一つの受台面積はバスケットボールコート七面分の広さがある。

スパン（橋脚間距離）が大きい。この巨大「M」型六スパン連続鋼桁アーチ橋の橋脚間最大距離は三三六メートルで、同類同クラスの橋脚間距離が世界最大の高速鉄道大橋となる。有名なドイツのナンテンバッハのマイン川橋（Mainbrucke Nantenbach）は、スパンが二〇八

京滬高速鉄道南京大勝関長江大橋

メートルしかない。

荷重が大きい。主橋の定荷重プラス活荷重は約一メートルあたり一二〇トン、橋梁の一メートル当たりの積載量は三十五トンで、幅三十五メートル車道の道路橋に相当する。支承の最大反力は一万八〇〇〇トンに達し、現在世界において設計荷重が最大の高速鉄道大橋となっている。

設計速度が速い。同橋の北京—上海線の設計時速は三〇〇キロメートルで、世界の先進的な水準となっている。滬漢蓉（上海—成都）線の設計時速は二五〇キロメートルである。地下鉄の設計

上承式アーチ橋

中承式アーチ橋

下承式アーチ橋

連続剛構造橋

V字剛構造 - アーチユニット橋

時速は八十キロメートルである。三本の複線鉄道が一橋を走るのは世界でも例がなく、中国の高速鉄道としても初となる。

独自に開発したQ420qE次世代橋梁構造鋼は、三枚の主桁と全体的なデッキプレートを組み合わせた共同受力システムを初めて開発し、無誘導船重アンカー精密測位技術などの新材料・新構造によって、大勝関大橋を革新の代名詞とした。

国際橋梁・構造工学協会の元会長で東京大学名誉教授の伊藤学氏は大勝関橋を見学した後、「二十世紀二十—三十年代の世界の橋梁技術発展の焦点は米国、四十—五十年代は欧州、七十—八十年代は日本にあったが、今では世界の橋梁界の注目がすでに中国に集まっている」と述べた。現在、中国の橋梁建設規模、技術水準、特に大径間橋梁の建設水準は世界の上位に躍り出ている。

二〇一二年六月十日、第二十九回国際橋梁大会はアメリカの橋の城であるピッツバーグ（Pittsburgh）で開催された。中国京滬高速鉄道南京大勝関長江大橋は会議で国際橋梁界で最も影響力のあるジョージ・リチャードソン大賞を授与された。賞の授与者はこの橋を「世界

T型剛構造橋

で唯一無二の架け橋であり、比類のない創設である」と絶賛した。

同橋の建設を請け負った中鉄大橋局は、中国の橋梁建造の「カリスマ」として知られている。新中国成立後、武漢長江大橋から南京長江大橋まで、九江長江大橋から蕪湖長江大橋まで、武漢天興洲長江大橋から南京大勝関長江大橋まで、この六つの里程標大橋（シンボルとなる大橋）はすべて中鉄大橋局が施工・建造した。

(5)　高速鉄道トンネル建設の新しい特徴

「山に出合えば道を開き、水に出れば橋を架ける」という諺がある。一九五〇年代に中国が鷹厦（鷹潭—アモイ）鉄道、宝成（宝鶏—成都）鉄道を建設した時、武夷山、秦嶺などの高く険しい山々において、資金と技術レベルの影響を受け、建設中に長大なトンネルをできるだけ造らないようにしたので、布線の選択が、山に沿って水に囲まれている場所、山に沿って旋回しなければならない場所、線路の完成度が低い場所、カーブ半径が小さい場所、カーブが多い場所になってしまい、列車の速度が遅くなる上、運営中に線路の災害と斜面崩壊がしばしば発生した。

高速鉄道のトンネルは数が多く、距離が長い。これは「高い平坦度」が求められるからである。「山の傾斜度に合わせて」半径が小さいと、線路がまっすぐにならず、必然的に走行速度に影響が出るため、高速鉄道は山を越えるために、峠にまっすぐなトンネルを建設する必要がある。

高速鉄道のトンネル基準は高く、トンネル断面面積は一般的な鉄道よりもはるかに大きい。高速列車がトンネルに進入する際に圧力波が発生し、トンネルの中で列車がすれ違う際の表面圧力波は激しく変動し、旅客が鼓膜に圧迫を感じ不快になる。その圧力波の実測は最大十キロメートルパスカルとなる。空気力学効果の研究によると、トンネル断面を増やすことで列車の圧力波を下げることができ、旅客の快適度を満たすほか、列車とトンネル壁にかかる力を減らすことができる。このため、高速鉄道のトンネルの要求幅は約十三メートル、高さは九メートル、その高さは三階建てビルに相当し、その空間断面は約一〇〇平方メートルに達する。

複雑な地層条件に対応するため、高速鉄道トンネルの施工には各種の的を絞った施工方法を開発した。まずは機械化の程度が比較的高いトンネル掘削機法あるいはシールド法を用いて、刃物で岩体の断面全体を切断して前進させる方法。もう一つは、爆薬で爆破することによ

トンネル掘削機

り掘削して施工するドリル&ブラスト工法、ナトム工法(New Austrian Tunneling Method 工法)を採用し、まず部分的に掘削してから各掘削部分を連結する方法。科学技術の進歩に伴い、トンネル掘削機、シールドマシン、多機能掘削機、機械式吹付けアンカーハンド、三アーム削岩台車などの先進的な大型機械設備が施工において大きな威力を発揮し、伝統的な「穴を開け、発砲し、炭殻を出し、チャージングする」施工モデルから世代交代した。

建設の実践において、中国鉄道は大断面黄土トンネル、河川・河川下トンネル、高圧富水カルストトンネルなど複雑な地質条件におけるトンネル設計・施工技術の難題を克服した。高速鉄道トンネルの設計、リスク防止・制御、安全施工などの一連の技術を掌握し、大きく複雑なトンネルの迅速かつ安全な施工を実現したほか、代表的な高速鉄道トンネルプロジェクトの建設に成功した。

最長の高速鉄道トンネルである石太旅客専用線の太行山トンネルの全長は二七・八キロメートル、最大埋設深さは四四五メートルである。設計は双洞単線トンネルで、両線間の距離は三五メートルである。二〇〇五年に着工し、二〇〇九年四月一日に開通した。トンネルには運行中における換気や火災発生時の防災換気施設が設置されている。

最も複雑な高速鉄道トンネルである瀏陽河トンネル。京広高速鉄道瀏陽河トンネルは長沙市内に位置し、長さが一〇・一一キロメートルで、都市、川、高速道路を横断している。

最も密集しているの高速鉄道トンネル群の一つである大瑶山トンネル群。京広高速鉄道大瑶山トンネル群は、大瑶山1、2、3号トンネルからなり、トンネル長はそれぞれ一〇・〇八キロメートル、六・〇二キロメートル、八・三七キロメートルで、うち1、2号間の距離は一六七メートル、2、3号間は四十七メートルで、三つのトンネルはいずれも複線トンネルとなっている。トンネル群には避難地点、事故換気、トンネル入口の消防などの施設が設置されている。

中国初の水中高速鉄道トンネルである獅子洋トンネル。広深港旅客専用線獅子洋トンネルの全長は一〇・四九キロメートルで、そのシールド長は九・三四キロメートルメートルで、シールド内径は九・八メートルである。珠江江口獅子洋河段を横断しており、水深の流れが急で、トンネルの水圧が高く、地層の浸透性が大きい。中鉄トンネル局グループは水底において「地中ドッキング、トンネル内解体」のシールド工法を採用し、国内初のシールド工事において、シールド工事の専門的優位性と技術力

瀏陽河トンネルの入口

太行山トンネルの入口

を示した。中鉄トンネル局は中国国内トンネル工事の「国家代表チーム」と呼ばれ、建設された水底トンネルは長江を三回、珠江を四回横断している。

中国の高速鉄道の線路、橋、トンネルは、絢爛多彩で風格が高く、疾走する高速列車を下から支え上げ、穏やかで快適な旅行環境を作り出し、中国鉄道建設隊の精巧な技術と設計やデザインを示している。

2　バラストレス軌道とシームレスレール

中国高速鉄道の線路、橋、トンネルには、すべてバラストレス軌道が敷かれている。この技術の国産化は、困難な革新と開発の過程を経た。

鉄道の軌道は、レール、留め具、まくら木、路床などからなり、列車の走行の基礎となる。普通の鉄道はバラスト軌道、路床は枕木の下に砕石を敷くことを採用し、その利点は建設費用が安価で、建設期間が短く、修復しやすいことである。短所は、列車の速度が上がるにつれて、レールが変形して、バラストが磨耗して粉状になったり飛散することにより、線路の修理が頻繁になってしまうことである。

バラスト軌道の欠点を克服するため、高速鉄道の台頭に伴い、バラストレス軌道が登場した。

バラストレス軌道とは、文字通りバラストを使わないで、コンクリートやアスファルトを混合したものを使用する軌道である。

バラスト路床の代わりに作られた軌道構造は、軌道の平坦性が高く、剛性の均一性がよく、メンテナンスの必要性が少ないなどの特徴から、日本、ドイツで急速に広がった。

中国の高速鉄道の軌道に、バラスト軌道を採用するのか、バラストレス軌道を採用するのか、内部で激しい論争が起こった。二〇〇四年に中国は遂渝線（遂寧―重慶）のバラストレス軌道試験区間を試験敷設し、成功を収め、一定の経験を蓄積した。政策決定の中で、以下のように推測した。バラスト軌道は建設費用を節約できるが、高速列車の走行中に揺れが激しくなり、後期のメンテナンスに多額の投資が必要である。バラストレス軌道は高平滑、高安定で、メンテナンスの必要性が少ない。コストはバラスト軌道の一・五倍だが、耐用年数は六十年に達し、運営のメンテナンス費用を節約できるため、費用対効果が高い。中国鉄道の科学的政策決定は、高速鉄道線にバラストレス軌道を採用することを最終的に決定した。

バラストレス軌道

京滬高速鉄道のバラストレス軌道工事

二〇〇六年、鉄道部は国外のバラストトレス軌道技術を導入すると同時に、鉄道内外の二十社以上の科学研究、設計、施工機関を組織して「旅客専用線のバラストトレス軌道技術の再革新」を展開し、計二十二の科学研究課題を設立して、バラストトレス軌道システムの設計と施工中における軌道板の生産（プレキャストと磨き上げ）、精確な測定、セメント乳化アスファルトモルタルの三つの核心技術を調合して難関を突破し、中国に適するようバラストトレス軌道技術を革新し、研究開発した。

鉄三院は関連の科学研究、施工会社と生産メーカーを連合して、Ⅱ型スラブ式バラストトレス軌道製造施工に必要な三大ソフトウェアを開発して、その一連の建設・メンテナンス技術をものにした。

バラストトレス軌道は、高強度のコンクリート板の上にレールを敷くという単純なもののように見えるが、軌道生産には極めて高い精度が要求されるところが難点であり、同時にそれは核心技術である。研磨精度は〇・二ミリメートルで、軌道板は工場でのプレハブ製造から磨き上げまで、現場でコンクリートの土台を打設し、レール板を正確に位置決めして敷設し、特殊配合のセメントモルタルを流し込むことでレール板と土台を接着し、最後にレールを留め具でレール板に固定するのだ。各プロセスごとに各部品の精度と製造品質を厳格にコントロールすることで、スムーズで安定した安全で耐久性のある高速鉄道のバラストトレス軌道を形成することができた。京滬高速鉄道の全線には計四〇・七万枚のⅡ型軌道板が敷設されており、高速列車のスムーズな運行を保障するため、各軌道板には「身分証（製造番号）」が付されており、工場内でプレハブ製造をする際に付した番号はそれぞれ線路平面および標高情報に対応している。現場での施工時に各レール板に刻まれた「身分証」番号に基づき、レールプレートの正確な敷設を実現する。

セメント乳化アスファルトモルタルは軌道板と下のベース板を接着して、すべての誤差を最終的に解消し、調整、支持、接着、緩衝の役割を果たすことにより、線路の平坦性を確保している。モルタルの作用は大きいが、技術性能の要求が厳しく、調製難度が高い。この技術を習得していた海外の某企業は巨額の使用料を要求した。鉄科院工程材料事業部主任である博士課程の指導教官謝永江は「中国高速鉄道を建設するには、まず中国独自のモルタル技術が必要だ」と革新チームを率いて誓いを立てた。最適な「処方」を見つけるため、彼らは昼夜を問わず乳化「処方」とモルタル配合比の最適化改善試験と現場灌流試験を一〇〇〇種類以上行った。

謝永江氏が武漢試験区間で試験を行ったのは二〇〇八年の真夏だった。最初の試験資料を得るために、謝氏は炎天下で若者たちと数日間過ごした。ある日の深夜、謝氏は漢口（湖北省武漢市）に試験用の資材があることを思いがけず知り、待ちきれずに早朝午前三時に駆けつけた。資材を手に入れた後、謝氏と同僚二人は二トンの資材を一袋また一袋と車に乗せ、到着と同時に試験を始めた。謝氏と革新チームは、このような科学と努力の精神により、中国独自のセメント乳化アスファルトモルタルを開発し、中国の数千キロメートルある高速鉄道線に敷設することに成功した。

吸収・消化・再革新を導入した結果、中国はすでに四種類のバラストレス軌道構造スタイルを形成していた。それは、CRTSⅠ型スラブ式バラストレス軌道、Ⅱ型スラブ式バラストレス軌道、二枚式バラストレス軌道である。二〇〇九年に中国鉄道は再び完全に独自の知的財産権を持つCRT

京滬高速鉄道 CRTS Ⅱ型軌道板の磨き上げ

京滬高速鉄道はバラストレス軌道の標準化作業

京滬高速鉄道はバラストレス軌道の標準化作業

京滬高速鉄道舗装工事

SⅢ型スラブ式バラストレス軌道を開発し、初製作の軌道板と充填層の複合構造により高速列車の快速、安全運行に安定した基礎を提供した。

中国鉄道はまた、高速鉄道測量の設計、施工、運営・維持のための「三網一体型」の精密測量制御網を構築し、バラストレス軌道の工程化、規模化、基準化を実現した。高速レール、留め具、分岐器とレール伸縮調整器、レール施工のための一連の設備を開発し、中国の特色を持つ高速鉄道・バラストレス軌道の設計・製造・施工のための一連技術を形成した。

中国高速鉄道のシームレス線路は、レールを溶接して隙間のない長いレールにした。京滬高速鉄道の場合、一三一八キロメートルのレールには継ぎ目が一つもない。施工時はまず製鉄所で生産した定尺の長さの一〇〇メートルのレールを溶接して五〇〇メートルにし、現場に運んでから長さ二キロメートルに溶接し、最終的に隣接する長さ二キロメートルのレールを溶接してつなぎ合わせ、継ぎ目のない線路を形成した。

長さ500メートルのレール

一般的な鉄道には主に標準の長さである二十五メートルのレールを採用し、レールの熱膨張と冷却収縮を防ぐために十数ミリの隙間を残している。シームレス線路は気温変化に耐えられる高強度レールを採用し、高規格の留め具でレールをロックし、レールの熱膨張・冷却収縮を避けている。高速列車がシームレス線路のレール上を走行することで、スムーズな走行を保証し、レール部品への損傷を減少させ、維持・メンテナンスの頻度を大幅に減らした。継ぎ目のない線路はメンテナンス費用を十五％節約し、レール耐用年数を二五％延長し、旅客乗車中に車輪がレールの隙間を通過する際に発する「ガタガタ」という騒音をなくした。

高速鉄道建設はレールの安全性能、鋼質の純度、平坦度などへの要求が高いが、国産レールは生産設備と技術が遅れていたため、鋼質の純度が悪く、平坦度にも欠け、定尺の長さが二十五メートルしかなかったため、高速鉄道の高平滑の要求を満たすことが困難で、フランスから輸入レールと比較して大きな差があった。海外からレールを輸入するのは価格が高いだけでなく、輸送も難しかった。どうしたらいいものか？鉄科院の周清躍首席研究員は国家鉄道建設の急務を遂行するため、二〇〇一年に「秦瀋旅客専用線総合試験段輸入及び国産レール試験研究」を主宰し完成させ、高速鉄道レール自主開発の体系案を提出し、鉄道部から強力な支持を得た。

周氏は革新チームを率い、七年をかけて国産高速鉄道軌道の一連製造技術の自主革新に向けた難関突破作戦を展開した。彼は製鉄所に泊まり込みで製鉄所の技術改造を推し進め、精錬、仕上げ圧延、最終仕上げ、長尺化などの近代的な生産技術を採用した。鉄道と冶金業界の協同努力の下で、攀鋼は二〇〇四年十二月に中国初の一〇〇メートル定尺のレールを生産し、鞍鋼、包鋼、武鋼も相次いで技術改造を完了し、レールの生産品質と設備技術ともに国際的な先進レベルに達した。周氏はチームを率いて科学研究で難関を突破し、レール溶接の難題を克服し、レール溶接後の熱処理プロセスを最適化し、高速鉄道レールの自主開発・生産および関連する付帯技術の問題を解決することに成功した。

七年に渡る難関突破により、中国高速鉄道のレールは世界の先進に仲間入りを果たした。高速鉄道建設は完全に独自の知的財産権を有する中国産レールを使用し、建設資金を大幅に節約し、輸入品と比べて費用を半分近く節約した。一・六万キロメートルの高速鉄道建設に換算すると、一六〇億元以上の資金を節約できることになる。二〇〇九年に高速鉄道軌道一連製造技術で中国の国家科学技術進歩二等賞を受賞した。

3　高速鉄道に充電器と精密な脳を取り付ける

高速鉄道線路の両側には、電柱が林立し、送電網が織りなすように交差し、まるできらびやかな虹が遠くに伸びているように見える。これはまさに高速鉄道の列車に動力源を提供するけん引給電システムである。

伝統的な列車は機関車に牽引され、蒸気機関車は「石炭を食べ」、ディーゼル機関車は「油を飲み」、電気機関車は電気を使っていた。高速鉄道を走る動車組は、やはり電気を使っているが、動力は機関車の先頭車両に集中するのではなく、動車の各車両に分散している。石炭や油は車に積み込んで随時使うことができるが、電気は車両に貯蔵することができないため、沿道の送電設備から随時取り入れるしかない。鉄道牽引給電システムは高速列車の「充電器」と呼ばれ、これがなければ高速列車は働けない。

高速列車は高速運行中、鉄道設備と三点式で接触している。下部の二つの車輪と二本のレールが転がり接触することを略して輪軌関係と言い、上部パンタグラフと架線との摩擦接触を略して弓網関係と言う。高速列車は、パンタグラフによって線路の上に架けられた架線から電気エネルギーを得て、走りながら「充電」していくというものである。

高速列車の弓網受流

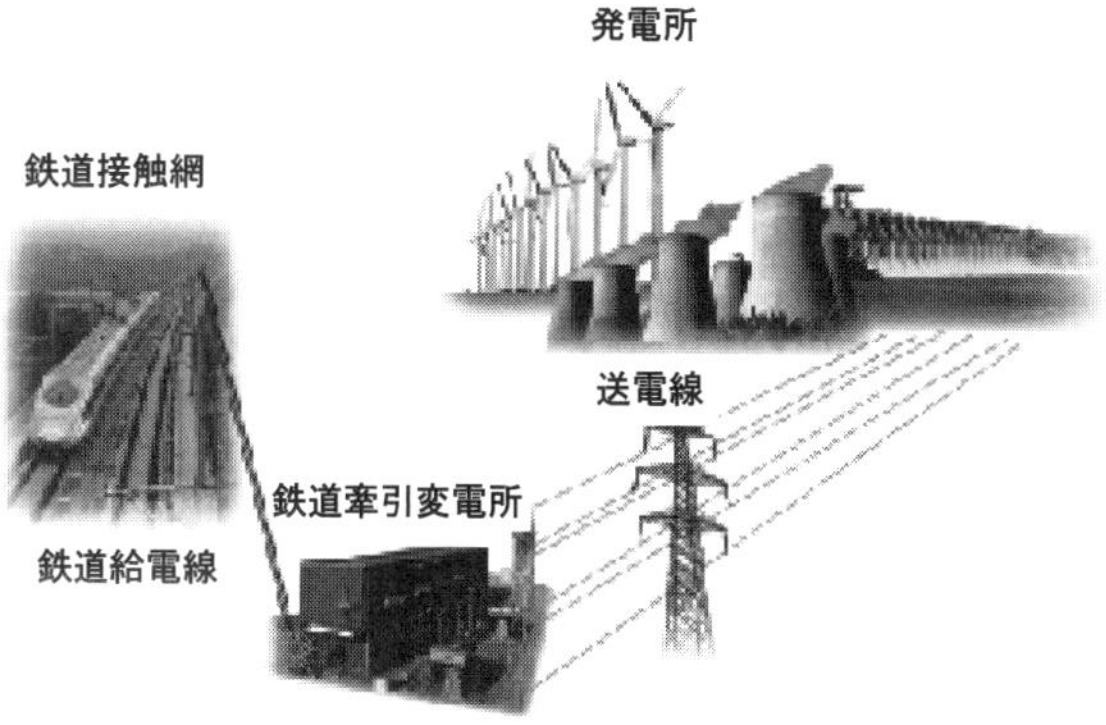

高速鉄道牽引給電システム

接触網構造図

「弓網関係」は高速鉄道プロジェクト建設のコア技術の一つである。高速列車は一秒あたり一〇〇メートル近い高速運行状態で、列車のパンタグラフと接続部を結ぶ導線は、常に滑らかに密着した接触を維持する必要がある。一度弓網が外れると、列車は動力を失うと同時に、弓網の間にスパークが発生し、局部が高温になり、導線やパンタグラフを損傷することや、甚だしきに至っては導線が発火断裂し、走行中の安全に影響する。また、「大編成の高速列車の双弓受流」の条件下で「弓網関係」を正常に保つために、高速走行における摩擦力、衝撃力、上昇力、変位力にも耐えなければならない。

国内外の専門家はこれに対して、高速鉄道の最高速度は最終的に「弓網関係」に制約され、高速接触導線も同じことが言えることから「高速鉄道の王冠上の真珠」と呼ぶにふさわしいという結論に達した。

高速鉄道は接触導線の性能に対して極めて高い要求があり、十分な強度と高い導電率を併せ持つ必要がある。しかし、金属材料学の中で、強度と導電率はちょうどワンペアの二律背反の矛盾であり、強度が高いほど、導電性が悪く、導電性が高いほど、強度が劣ってしまう。

二〇〇六年以前には、このような高強度・高接触性の接触導線を自主的に生産できる企業は中国国内にはなかった。調査の結果、日本で性能の良いＰＳＣ導線が研究開発されていることがわかった。二〇〇六年初めに技術交渉が行われた際、日本側はこの技術の導入を望む中国側の要求を拒否した。

中国の高速鉄道の発展はまたしても自分の手に負えないボトルネックに遭遇した。中鉄電化局グループは中国の電化鉄道建設の主力軍で、

京滬高速鉄道の電化架線作業

同局のシステムインテグレーション事業部の董安平総経理は、革新チームを率いて難関突破の道を歩み始めた。某技術交流イベントで、彼らは浙江大学金属材料研究所所長の孟亮教授に出会った。孟教授によると、中国の宇宙飛行において同じような性能を持つ新素材を使ったことがあると言った。電化設計院の王立天チーフエンジニアは早速浙江省に飛び、孟教授の実験室で小さなサンプルを目にした。それだ！王氏は感激して涙があふれ出た。合弁研究開発の提案はたちまち意気投合し、すぐに合弁の「北京賽爾克瑞特電工有限会社」が北京に設立された。

　七転び八起きの執着精神に科学的方法の導きを加え、連続的な難関突破を経て、

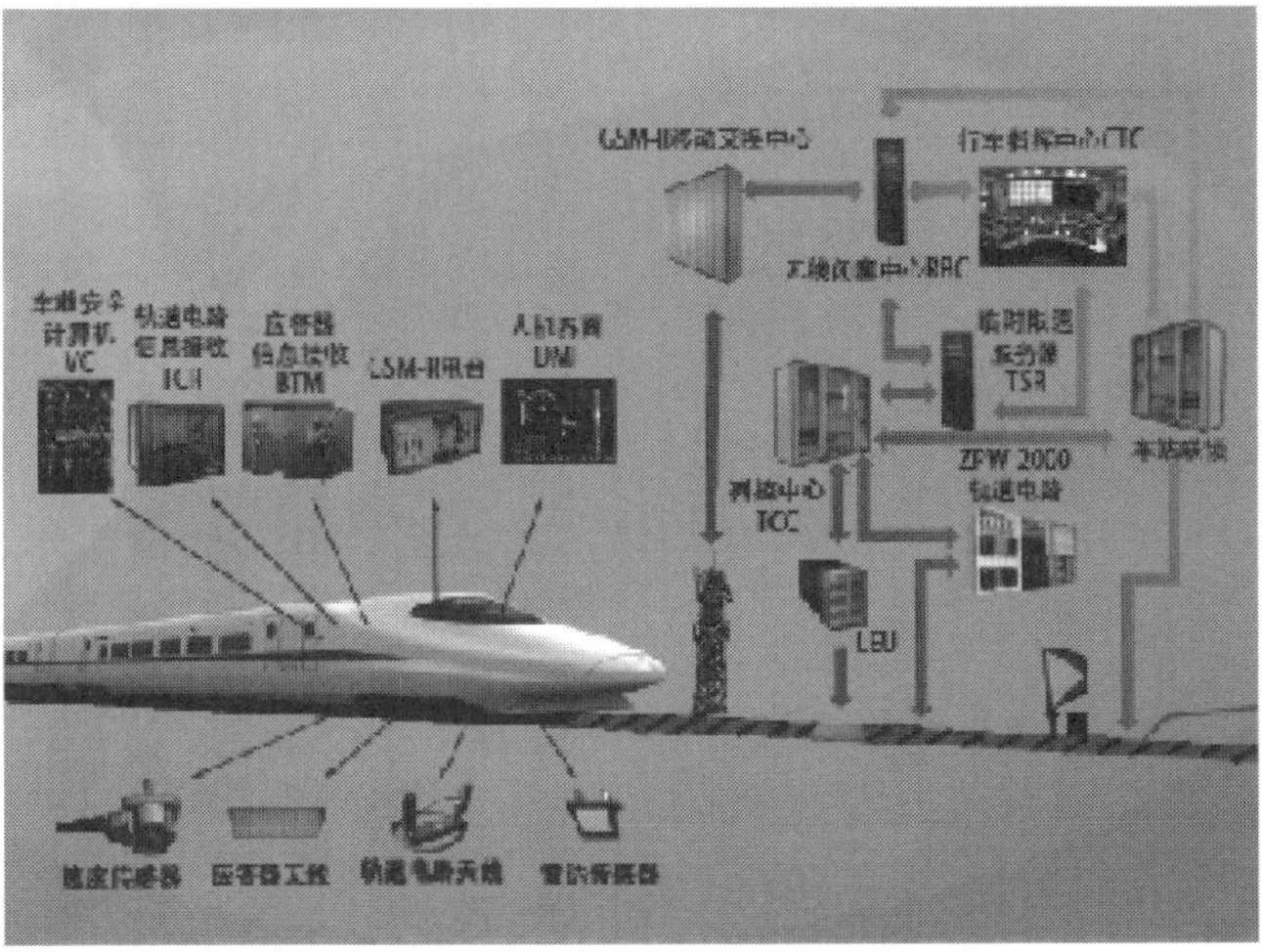

中国高速鉄道列車運行制御システム（CTCS-3）

中国が独自に開発した高強度・高導電性カテナリ架線がついに誕生した。それは高強度、高導電率の品質を持っており、総合的な性能はすでに国際的な錫銅とマグネシウム銅接触線を全面的に超えて、ＰＳＣ導線に達し且つ超えている。

二〇〇九年四月、高強度高導電カテナリ架線は国家特許を取得した。武広、滬寧、京滬高速鉄道での運用を経て、当該製品の運行状態は良好で、技術性能は時速三五〇キロメートル以上の高速鉄道運行要求を完全に満たし、国際同類製品のトップクラスに達して、中国国内の空白を埋めた。

この「真珠」を設置するために、建設者は施工技術を革新し、「機器化測量、ソフトウェア化計算、工場化プロビジョニング、精密化設置」を実施した。施工者は牽引給電システムを組み立てるのは飛行機を組み立てるかのように厳密且つ精緻に、一〇〇〇万以上の架線網部品を正確に設置した。導線の架設や調整作業では、建設者が赤ん坊を抱くように慎重にこの「王冠上の真珠」をいたわった。京滬高速鉄道の数千ものアンカー区間の合計四〇三三キロメートルの架線は、架設後に測定器で実測したところ、一メートル当たりの平直度がいずれも〇・〇三─〇・〇五ミリ以内に達し、直径〇・〇七ミリの髪の毛よりも細く、その精度は中国一ないし世界一を樹立した。

牽引・給電が高速列車の「充電器」であるとすれば、通信・信号は列車の安全・効率・秩序ある運行を指揮する「脳」と「神経制御中枢」である。鉄道工事建設では、通信、信号と牽引給電、電力給電の四つのシステムを「四電システム」と略称する。

昔、人々は伝統的な鉄道の通信信号を「千里眼」、「順風耳」と例えていた。現在、情報技術の広範な応用に伴い、高速鉄道の通信信号、特にその列車運行制御システムは、デジタル化、ネットワーク化、知能化と通信信号の一体化を実現し、列車の運行を指揮・制御する精密な「脳」となっている。

京滬高速鉄道は現段階において最先端のCTCS―3列車制御システムを採用している。高速走行する高速列車が高速で駅を通過する際、列車のGSM―R端末装置ATPはリアルタイムで地上の制御センターRBCに列車の位置や速度などの情報を送信し、地上の制御センターRBCは関連情報をすぐに次の到着列車に伝え、次の列車は前方の列車の運行状況をすべて把握しているため、安全運行を確保することができる。一方、車両のATPは特殊な受信装備を搭載しており、列車通過時に下の線路の固定情報はレールの端に設置された回路とトランスポンダから車両のATPに伝達され、車両の設備はこれに基づいて安全操作を行う。連続して二つのトランスポンダが応答しない場合、列車は自動的に停止する。

中国鉄道通信信号グループは軌道交通安全制御に従事する専門会社で、中国鉄道通信信号システム方式の研究設計、標準制定及び施工基準をまとめた会社であり、五十年余りの発展を経て、強力なシステムの統合、工事の総請負と総合的建設能力を形成した。京滬高速鉄道建設において、通信信号グループは全線通信信号システムの統合を担当し、会社の統合、設計、製造と施工の精鋭力を集め、京滬高速鉄道の通信信号システムの統合設計、システム統合、科学試験、設備製造、施工据付と共同調整試験などの仕事を滞りなく遂行し、ＣＴＣＳ―３列車運行制御システムのコア技術を提供した。

中国の高速鉄道の速度が速く、運行頻度が高く、異なるスピードの高速列車が路線を跨いで運行する特徴に対応し、消化・吸収・再革新を導入することで、中国鉄道は世界先進水準のＣＴＣＳ―３列車運行制御システム標準システムと技術交流の場を構築した。時速三五〇キロメートルと走行追跡列車の三分間隔の車両制御の需要を満たすことができるほか、路線を跨いでＣＴＣＳ―２と互換性のある運行が可能で、地上と列車制御情報の双方向リアルタイム伝送により、列車運行の速度超過防護、一時的な速度制限、クローズドループ制御などの機能を実現する。

4　近代化された駅　都市の新しいランドマーク

京滬高速鉄道に乗って、北京南、天津西、済南西から南京南、蘇州北、上海虹橋駅まで、二十四のスタイルの異なる華麗でモダンな駅が、輝く真珠と宝石のように、一三一八キロメートルの京滬高速鉄道の真珠のネックレスのようになっている。この駅は広くて明るく、乗客が列車を待ちながら休憩したり、乗り換えたりするのに便利で、しかも一駅ごとに景色が変化し、文化的色彩に富み、目を楽しませてくれる。沿線二十四都市の新たな名刺、新たなランドマークとなっている。

近代化されたブランド駅の建設は、デザインが鍵となる。鉄道設計院は駅舎設計の豊富な経験と実力を持っているが、中国鉄道は開放を堅持し、一流を追求し、国内外のトップ建築家を幅広く引き入れて駅舎設計に参加させている。二〇〇五年に鉄道部が駅舎設計説明会を開催し、鉄道の駅設計は中国国内における入札から世界の公開入札に移行しつつあり、国内の北京、上海、中南などの影響力のある建築設計院が参加しているだけでなく、フランスのＡＲＥＰ社、韓国の株三安などの世界的な設計会社も中国鉄道の大型駅舎の設計を担当し、世界最新の設

南京南駅アーチ構造

計理念と成功経験を取り入れ、多くの現代建築の成果を採用している。

人を第一として、旅客にサービスを提供する。新しく建設された高速鉄道駅は「人を中心とし、流れを中心とする」ことを重視しており、従来の旅客運送管理の優先から旅客サービスの優先に変化し、駅全体の計画から細部の設計まで、旅客に便利で快適な乗車環境を提供することに尽力し、速くて便利な乗り換え条件と温かみのある良質なサービスを提供することに尽力している。大型屋根構造を採用し、待合室は天井が高くて広く明るく、内部の動線がわかりやすく円滑で、駅前広場、駅舎、駅場をワンセットとし、多元化した建築手法でその他の各種交通をこの中に融合させ、旅客の駅構内および乗り換えの歩行距離を最大限に短縮している。

北京南駅は鉄三院、北京市建築設計研究院などが設計したもので、建築形態は楕円形の駅で、主体は鉄骨構造である。設計理念上で天壇の建築要素を参考にして、天壇の最上階を屋根の中央に、天壇の二階と三階をそれぞれ駅舎両側の天蓋形のひさしにデザインした。メイン駅舎は双曲線ドームで、最高点は四十メートル、古典的で荘厳な雰囲気だ。駅は地上二階、地下三階、高架環状車線からなる五階建てである。高架橋はタクシーと一般車両が通行し、旅客は駅に入って直接高架と繋がる待合室に入ることができる。地上二階は高架に繋がっている待合階で、旅客が駅に入場する階である。その中央は独立した待合室で、東西両側は駅に入るロビーになっている。北から南に向かって順に各待合エリアがある。コンコースの四隅には切符売り場が設けられ、駅には窓口用の発券機八四台と自動券売機三九台が設置され、改札への入場もすべて自動改札システムで制御されている。地上階はホーム階で、バス車両が通行し、旅客が駅に入ることができる。地下一階は乗り換えロビー、駐車場、旅客の出場システムがあり、地下二階は北京地下鉄四号線、地下三階は北京地下鉄一四号線と接続している。駅の鉄道は、都市部の地下鉄、バス、タクシーなどの交通機関と密接につながり、「上層階から入場、下層階から出場」と「下層階から入場、上層階から出場」を組み合わせた多元化の流線モデルを採用しており、旅客が駅に乗り入れて待合せするのに便利で、「乗り換えゼロ」を実現している。

文化の内包、地域の特色。文化的な建築こそが、真の命の宿った建築なのである。高速鉄道の駅は「外形も中身も立派だが、和して異なる」ことを追求し、駅の交通機能、時代の特徴、文化的特徴と地域文化の完全融合に力を入れている。建築様式が現地の地理的・気候的特徴に適応していて、地形・地形と調和

北京南駅待合室

上海虹橋高速鉄道駅交通乗り換え標識

し、都市の文化的景観と有名な建築と互いに輝きあい、中国の文化的要素を参考にして取り入れ、人々の美に対する鑑賞を満足させることを重視している。

高速鉄道の駅の建設は歴史を現代に融合させ、文化を土木に融合させることを重視し、地方の文化や庭園芸術を駅の建築に取り入れ、中華文明の奥深さを内包し、現代建築芸術のエッセンスと熟練した職人の精巧な技術を表現している。孔子の古里に位置する曲阜東駅は、全体の造形から細部のデザインまで「聖地」の趣を際立たせている。駅舎の正面には、薄い灰色の石材のカーテンウォールと透き通ったガラスカーテンウォールに篆書体の「礼、楽、射、御、書、数」という六芸の彫刻の群像が彫られており、古風で重厚である。駅舎内には、昼間はガラス屋根から自然光が入り、夜間は待合室のガラス屋根が光り、「聖なる（孔子の古里で）金色に輝く城」の意味が込められている。駅舎前の孔子広場は広々としていて、電灯の支柱には、それぞれ『論語』の名句が記されており、遊歩道の両側には孔子の事績を記念する石碑が立っている。駅の

曲阜東駅孔子像

重厚で古風な建築と曲阜の儒家文化が有機的に融合し、天人合一の境地を表現している。

機能性を満たした上で、デザインスタイル、建築構造によって、各高速鉄道駅は代替できない独特性を持っている。天津西駅のデザインは「環渤海明珠」からインスピレーションを得て、外見の日の出の形、広面積のガラス壁、内部の織り物状のドームに至るまで、太陽の輝きのようなので、デザイナーは駅舎を「輝き」という愛称で呼んでいる。哈大高速鉄道大連北駅は「海水によって彫刻された巨大な石」を建築形態のアイデアとし、大連市の「剛柔相済（剛と柔が相まっていること）」の特徴を表現している。

環境に配慮し、利益も重視する。高速鉄道駅はグリーン（環境に優しい）経済の良いキャリアーと推進力として、省エネ、環境保護のグリーン理念に沿って設計され、大量の新材料、新技術、新設計デザインによって実現された。高速鉄道駅は太陽光発電、地熱ポンプなどの省エネ技術を広く採用しており、石炭、石油、天然ガスなどのエネルギーを消費する必要がないだけでなく、排ガス、廃水、

天津西駅の高くて明るい屋根

廃棄物を排出せず、正真正銘の省エネと環境保護を実現している。「緑の駅」と呼ばれる南京南駅は、駅の屋根の上に世界最大の建築一体型太陽光発電所があり、二十五年の間に二億二八〇〇万キロワットアワーの発電が可能で、原炭八万五〇〇〇トン余りを節約することに相当し、駅舎の動力、照明用の電力の補充に貢献した。天津西駅のガラス壁には新型ガラスが使われている。

「光を通すが、熱を通さない」という特性は駅舎内の照明の消費電力を減らし、冬は暖かく夏は涼しいことを確保している。

京滬、京広などの高速鉄道沿線は人口が密集し、土地資源が大変不足している。限られた土地資源を活用するために、設計者は「高架橋と駅舎の融合」の高架構造を採用し、天津南駅、無錫東駅、蘇州駅など、高架橋の下に駅舎と関連設備用の空間を設置し、「駅舎の中を列車が走る」ような景観を形成することで、地表構造物の敷地面積を減らし、駅舎の敷地面積を節約することができるだけでなく、建物の使用空間の要求を満たすことができ、駅全体の剛性が強く、耐震性能が高くなっている。

上海虹橋高速鉄道駅屋根太陽エネルギー

高速鉄道の駅建設は品質と安全を重視し、駅の規模および建設内容と基準を合理的に把握している。近・長期的な計画の結合を重視し、建設投資と運営費用を総合的に考慮する。建設中は構造の安全を特に重視し、建築物の安全等級を二級から一級に引き上げ、設計耐用年数を五十年から一〇〇年に引き上げた。

高速鉄道の駅の多くは、済南西駅や済南南駅など、都心から離れた場所に再建することを選択している。蘇州北駅は市中心部から十二キロメートル離れている。これは鉄道が自治体の意見を十分に考慮して決定したものだ。一方で、都市部の既存駅周辺はすでに地元の商業の中心となっているため、高速鉄道を都市部に建設すれば、既存路線の輸送に支障をきたすだけでなく、都市部での大規模な土地収用や立ち退きなどの困難に直面する。一方、地方政府はいずれも高速鉄道旅客駅の建設と都市計画を結びつけ、高速鉄道の優位性のカバー範囲を拡大したいと考えている。

旅客が高速鉄道の駅への出入りや乗り換えの際に最短距離で移動でき、最速の乗り換えを実現するにはどうすればよいのだろう

列車が駅舎を走っている

か。高速鉄道駅の設計・建造では、まず「直線乗り換え」の理念を体現するよう努めている。北京南駅、天津西駅、済南西駅、南京南駅、上海虹橋駅の五つの京滬高速鉄道始発駅をはじめとする大型高速鉄道旅客駅は、いずれも多様な交通手段を集積し、旅客の利便性を最大限に高めている。南京南駅は四本の高規格鉄道を連結しており、高速鉄道、都市間鉄道、長距離旅客輸送、都市軌道とバスシステムが緊密に連結された多元化の現代化旅客輸送センターとなっている。効率的で、集約的で、人情味があるという特徴を十分に体現しており、旅客はどの交通機関に乗り換える際にも駅舎から出る必要がない。

「東洋のモスクワ」と呼ばれるハルビンから南国の花城（広州市の別称）広州まで、中国の首都北京から「東方明珠」のある上海まで、そして、ハルビン西駅、広州南駅、北京南駅、上海虹橋駅などの近代的な高速鉄道駅は、鉄道サービス旅客の新しい窓口となり、都市の新しい名刺、新しいランドマークとなり、現代中国の新しい姿を示している。

5　共同試験調整とシステムの統合

高速鉄道建設は超大規模で複雑な一連の工事である。高速列車の安全、高速、スムーズな運行を保証するため、高速鉄道工事が竣工した後、各システムの性能を厳格に検査・調整し、システムの統合に対する試験と最適化を行い、全体の性能が設計目標を達成することを確保しなければならない。これは新しい空母のようなもので、出港試験が必要で、何重にもチェックして、使用要求を満たしてから正式に活躍することができる。共同調整試験は、高速鉄道開通運営前の技術準備であり、高速鉄道建設の重要な構成部分である。

これは科学技術の力で高速鉄道の安全な開通を確保する「特殊部隊」である。中国鉄道科学研究院の各専門の科学研究者は、自主的に開発した高速総合検査列車と関連検査設備を用いて、動態検査、コンピュータ処理などの先端技術で、開通前の各高速鉄道に対して共同調整試験と運行試験を行い、高速鉄道の各システムと総合システムの性能が設計要求に達するようにした。彼らは独自に革新した試験方法・手段とデータ分析処理を通じ、中国高速鉄道のシステム統合能力を高めた。

六回目の大幅な高速化において、鉄科院の検査担当者は主にレール検査車を用いて線路の品質状態を検査し、電力用検査車で通信信

自主開発したゼロ号
高速総合検査列車

号の状況を検査した。軌道・弓網・通信網を集約した高速総合検査列車を研究開発できるのか。鉄科院が研究開発を統合し、南車四方株式会社が改造した中国鉄道初の「10号（検査列車の名称）」高速総合検査列車が登場した。時速二五〇キロメートルで、北京・天津・石太など十路線以上の高速鉄道の共同調整試験を担当した。

二〇〇八年、中国高速鉄道は共同調整試験の開幕年を迎えた。開幕作品は京津都市間線だ。これは世界初の時速三五〇キロメートルの高速鉄道である。「十年の高速化の道」を歩んできた鉄科院の康熊副院長は、かつて中国高速鉄道のための長い準備段階を「十年をかけ、一剣を研ぐ」と呼んでいた。今、この宝剣は打ち上がり、意気揚々と鞘から引き抜く時が来た。

二〇〇八年二月から七月にかけて、鉄科院は共同調整試験技術総責任部門として、五ヶ月に及ぶ共同調整試験と一ヶ月間の運行試験を展開した。鉄科院は詳細かつ明

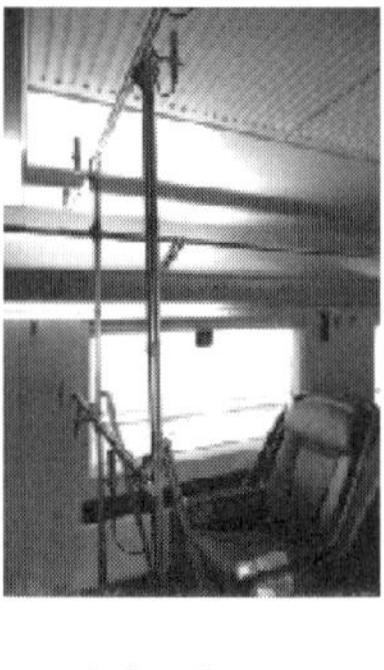

車内騒音テスト

電磁放射測定

確な週間計画、一日の計画を作成し、毎週の調整会議と定例会、毎日の勤務交替時の会議を堅持した。共同調整試験は高速総合検査列車と地上検査設備を組み合わせて、軌道、路床、橋梁、トンネル、接触網、送変電、通信、信号、運行スケジュール、旅客運送サービス、防災、振動騒音などの各サブシステムに対して検査と調整を行い、一度に線路上を異なる速度等級で往復運行し、各システムの状態とシステム間の整合関係に対して繰り返し検査、調整、検証を行い、各サブシステムの機能とシステム全体の最適化を確保している。

高速鉄道の共同調整試験は、10号検査車一両だけでは不十分である。鉄科院は将来に備え、メーカーと一緒にゼロ号高速総合検査列車を早期に自主開発し、二〇〇八年六月七日に製造完了し、その時速は二五〇キロメートルである。10号とゼロ号の高速検査列車は大いに威力を発揮し、線路の軌道、架線網、通信信号などのリアルタイム検査とデータ分析処理を行い、北京—天津都市間鉄道の二〇〇八年八月一日の予定通りの開通を確実に保障した。

信号システムテスト

鉄科院はこの年、メーカーとともに設計時速三五〇キロメートルの高速総合検査列車61号、68号の開発に相次いで成功した。これで中国鉄道は四両の高速総合検査列車を持つことになった。

二〇〇九年は中国高速鉄道共同調整試験の難関攻略年であった。鉄科院は次々と合武、石太、甬台温、温福、武広の五路線の高速鉄道に対して共同調整試験を行ったが、路線が多く、難易度が高く、その大トリは武広高速鉄道であった。

武広高速鉄道は全長一〇七九キロメートル、設計時速三五〇キロメートルで、全線に計二二六カ所のトンネルがあり、路線全長の約一九%を占めている。鉄科院は共同調整試験において、トンネル内の高速列車の空気力学と空力圧効果という二つの実験内容を追加し、外部から招聘した専門家チームの海外専門家から疑問を投げかけられた。

鉄科院は海外のデータに基づき、トンネル内の走行は時速二五〇キロメートルを超えてはならないと断言した。確かに、トンネル内走行時速三五〇キロメートル試験は世界に例がないが、可能かどう

2008年の初め、合寧高速鉄道の地上試験員は風に吹かれて雪をかぶって、線路脇にひざまずいて軌道動力学のパラメータ標定を行った。

かは試験で測定し判断すべきだ！鉄科院のチームは、トンネル内での交差運行試験を実施した。

時速二〇〇、二五〇、三〇〇、三三〇、三五〇キロメートルへと段階的に速度を上げていった。各段階で三回の試験を行い、数十回の試験を経て、中国製高速列車がトンネル内での交差運行が設計時速三五〇キロメートルに到達できることを完全に証明し、トンネル内の走行時速の世界新記録を更新した。

武広高速鉄道の共同調整試験と試運転期間中に、鉄科院はゼロ番、61号、68号の高速総合検査列車を使用して四〇〇余りの列車を運行し、累計で十二万キロメートル余りの検査を行った。試験車両の累計運行回数は約二〇〇〇回に上った。試験走行距離の累計は約一〇〇万キロメートルほどで、地球の赤道を二五周余りしたことになる。

二〇一〇年は共同調整試験の開拓年であった。この年、鉄科院は鄭西（鄭州―西安）、成都―都江堰、福廈（福州―アモイ）、昌九城際（南昌―九江）、沪寧（上海―南京）、沪杭（上海―杭州）、海南

接触メッシュジオメトリパラメータテスト

東環の七路線の高速鉄道の共同調整試験を次々と完了し、そのうち時速三五〇キロメートルの高速鉄道は三路線で、前二年の合計を上回った。

三十六歳の「少帥（若手の監督）」兪翰斌はこの年、前後して鄭西、昌九、海南東環の三路線の高速鉄道の共同調整試験を取り仕切った。彼は気候の特徴をつかみ、「鄭州と西安は寒く、南昌と九江は暑く、海南には豪雨が年二回降る」と描写した。

鄭州と西安は寒い。鄭西高速鉄道の共同調整試験は二〇〇九年の小寒・大寒の節気にあたり、豫西省では大雪が降り続き、一〇〇人以上の地上検査員が風雪の中で、線路の両端を堅く守りながら試験を行った。

南昌と九江は暑い。南昌は「かまど」のように暑い場所として有名で、昌九都市間の共同調整試験はまた七月―八月の三伏の期間と重なり、レールの上に卵を置いても火を通すことができる。検査員は40℃の高温の中、炎天下で地上検査を行い、汗が滝のように流れ、衣服はすぐにびしょぬれになった。

海南には豪雨が年二回降る。海南東環鉄道は海口から三亜までの全長三〇八キロメートルである。鉄科院の一〇〇人以上の試験参加者は国慶節の七日間の休暇を犠牲にし、海をまたぎ各検査設備が輸送され、雨の中十月五日から沿線に配置された三十六カ所の地上検査地点で、検査を実施した。

鉄科院は二〇一〇年十一月下旬、四チームを同時に組織し、京滬高速鉄道先導区間、長吉（長春—吉林）、広珠（広州—珠海）都市間高速鉄道と太中銀（太原—中衛—銀川）鉄道に分かれて向かい、共同調整試験と中国鉄道建設において、最も注目を集めていたのは京滬高速鉄道であった。全長は一三一八キロメートルで、設計時速は三五〇キロメートルで、世界で建設規模が最大、一度の走行距離が最長の高速鉄道である。

二〇一一年、鉄科院のチームは待ちに待った京滬決戦の年を迎えた。

北京—上海間の決戦では、鉄科院のメンバーは半年間の共同調整試験を経て、試験列車を四〇〇〇回以上運行し、試験走行距離は累計六十万キロメートル以上に達した。また高速列車を一五〇〇本以上運行し、運行試験の総走行距離は二〇〇万キロメートルに達した。

接触網試験

改札機試験

北京—上海間の決戦において、彼らは軌道、架線網、列車制御システムなど一七種類、六〇〇以上のサブ項目、六〇〇〇以上のパラメーター項目の検査を完了し、中国高速鉄道システム技術を全面的に検査・検証し、高速鉄道の共同調整試験における多くの首位を切り開き、中国の特色ある高速鉄道の共同調整試験及び運行試験の技術体系を構築した。

一流の共同調整試験には一流の設備が必要である。京滬決戦の正念場において、鉄科院と南車四方株式、北車唐山会社が共同開発した次世代高速総合検査列車001号、002号は、二〇一一年春に相次いで京滬高速鉄道の共同調整試験に投入され、設計時速は四〇〇キロメートルに達した。鉄科院のチームはこれで「鬼に金棒」となった。

二〇一一年六月三十日、京滬高速鉄道が正式に運行を開始した。首都である北京から東海の沿線にある上海まで、わずか五時間しかかからない。

京滬決戦が大勝利を納めた後、二〇一二年の共同調整試験は

旅客誘導情報システムテスト

「豊作」の年を迎えた。この年、鉄科院チームは北側から哈爾浜と大連に前進した。十二月一日に哈大高速鉄道が全線開通し、東北の旧工業基地を振興するために新たなルートを追加した。中部を貫く京広高速鉄道は、十二月二十六日に全線開通し、北京と広州の二二九八キロメートルの時空距離を陸上交通で八時間以内に短縮した。

共同調整試験の実践において、鉄科院は「系統統合、総合革新」という八文字の方針を打ち出した。高速鉄道は複雑なシステム、新技術の集成であり、共同調整試験は中国高速鉄道のシステム集成の効果を全面的に検証するもので、鉄科院はシステム集成から着手し、総合的な革新を実現した。

総合革新は、システム統合を実現するために必ず通らなければならない道であり、「原始革新、統合革新、消化吸収再革新の導入」に対する統合と集積である。共同調整試験は高速鉄道の各サブシステムの機能、全体的な運行性能を検証、調整、最適化しなければならず、ある専門分野の革新だけでは不十分で、国内外の最新の科学研究成果を吸収・融合し、各専門分野の優位性を集め、総合的な革新を実現しなければならなかった。これは中国鉄道の共同調整試験における挑戦的精神と科学的方法を言い表している。

鉄科院は共同調整試験の方法・手段・設備を絶えず革新し、完備し、移動検査設備と地上試験設備を組み合わせ、また室内試験と現場試験を組み合わせ、シミュレーションとオンライン実験を組み合わせた手段を採用した。先進的な検査技術とデジタル化・ネットワーク化検査システムを採用し、また高速総合検査列車、実験高速列車などの先進的な移動検査設備を利用し、さまざまな速度で線路などのインフラの検査・検証を行った。

鉄科院の楊宜謙研究員によると、二〇〇八年に合寧（合肥―南京）と北京―天津市の都市間共同調査試験を行った際、地上の試験拠点は有線で伝送され、一〇〇人以上の試験参加者が線路脇に作業小屋を建てていたが、現在は無線で伝送されており、一秒で四〇〇〇のデータを測定することができる。かつて地上試験設備に電力を供給する作業小屋のそばに発電機をつけて、電線をつないでいたが、今は蓄電池を採用したので、便利になった。かつて地上の検査員は作業小屋で働いていたが、冬は寒く、夏は暑く、虫や蚊に刺されることもあったが、今では車や駐在地でデータを読み取ることができるようになった。また所要人員が少なくなり、環境も改善され、効率もよくなった。

高速総合検査列車は共同調整試験の重要な装置である。現在、世界でその開発技術を掌握している国はわずかで、フランスの高速検査列車は時速三二〇キロメートルで、世界最高速度であった。日本の検査車は通称「ドクターイエロー」と呼ばれ、時速二七五キロメートルである。中国鉄路が独自に開発した高速検査列車61号、68号は、時速三五〇キロメートルに達した。二〇一一年春に開発・生産を開始した次世代高速検査列車「００１号」と「００２号」は、時速四〇〇キロメートルに達し、中国の高速鉄道検査技術が世界の最前線に立ったことを示している。

「系統統合、総合革新」という八文字の方針は、中国鉄道が世界高速鉄道の先進水準を追い抜く目標を確立し、共同調整試験で京津（北京―天津）を突破し、滬寧（上海―南京）を速攻でものにし、京滬（北京―上海）で決戦し、中部を貫く京広（北京―広東）の基準を設定し、原動力を提供した。長年にわたり探索し、革新し、乗り越えてきた中国鉄道は、中国の特色ある高速鉄道の共同調整試験と運行試験技術体系を構築することにより、理念の革新、試験方法と設備の革新、調整・最適化の革新、組織管理の革新を実現した。

五　新しい運営の風が真正面から吹き込んできた

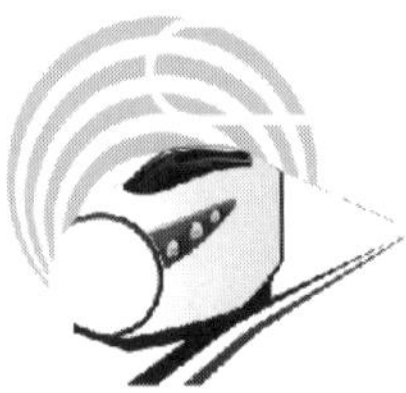

他国の高速鉄道と比べ、中国の高速鉄道は路線数が多く、距離が長く、スパンが大きく、異なるスピードの列車が併存し、技術設備の規格が多様で、主幹路線と都市間路線が融合し、高速鉄道と普速列車の繋がりが緊密であるというような特徴がある。その輸送組織、旅客運送サービス、安全管理などは他国より複雑で、難易度も高い。

いかにして高速鉄道をうまく管理し、秩序正しく運行でき、安全で信頼性が高く、旅客に便利をもたらすのか?二〇〇八年八月一日北京―天津間の運行を開始して以来、中国鉄道は五年間の積極的な探索と実践を経て、輸送組織、旅客輸送サービス、安全管理などの運行管理プラント技術と運行メカニズムを徐々に確立し、「安全で良質で、鉄路振興強国」という新時代の鉄道精神を大いに発揚し、中国の特色ある初段階の高速鉄道運営管理モデルを形成した。

1　安全第一　旅客第一

「安全は鉄道の『生死を分ける工事』である」「サービスは鉄道の本質的な属性である」という二つの名言は、中国鉄道の二〇〇万人の運営スタッフの間に浸透している。安全とサービスは鉄道の核心的な仕事であり、この二つの名言は高速鉄道運営の「人を第一とする」「旅客第一」の理念を理解遂行し、中国鉄道従業員の価値観、職業基準と道徳的追求を反映している。

科学的且つ厳密な高速鉄道の安全管理。高速鉄道はクローズ型環境で運行するため、設計・施工から運営・メンテナンスまで科学的で完備した安全保障システムがあり、その安全度は信頼できる。現在世界で運営されている高速鉄道はいずれも高い安全係数を保っている。

二〇一〇年十二月、北京で開催された世界高速鉄道大会のサミットで、EU陸路交通主任のパスカル・ライリー氏は、時速三〇〇キロメートル以上の高速列車の安全運行は科学技術革新によって保障される必要があり、また科学技術革新は高速鉄道システム全体をカバーしなければならないと強調した。

高速鉄道の安全は根源から管理しなければならない。建設中の実地調査、設計、施工、検収などの各段階で厳格な品質管理措置と管理監理審査制度を実行し、終身責任制を徹底している。路線開通前に共同調整試験及び運行試験を行い、安全評価を実施する。また、動車組は生産資格管理と設計型番合格証管理、機械全体と部品出荷検査合格証制度を実施している。

「健康診断」列車を運行して高速鉄道の安全を護衛している。運行する高速鉄道路線において、十日ごとに高速総合検査列車を運行し、ハイテクな設備と手段を用いて、列車の運行品質と軌道線路、牽引・給電、通信信号などのインフラ状態を検査・評価し、全面的に「健康診断」を行い、安全上の危険性と「病害」を探している。この重要な任務を担っているのは鉄科院高速総合検査列車科学研究チームで、彼らは毎日検査で発見された問題点を運輸局と関連鉄道局に即時に報告し、修理を行い、安全上の懸念を解消している。毎朝、運営用の列車が出発する前に、旅客を乗せない双方向に走らせ線路の安全を確認する。昼間の運営を確実に保障するために、「昼間の走行、夜間の点検」の原則に従い、毎日〇—六時に点検を計画・実施している。

動車組にシステム点検を実施する。動車組の設計、製造、運用の特徴によって、予防修理を主とする原則に基づき、一—五レベルの修理段階と修理制度を制定した。高速鉄道の点検拠点を中心に、高速鉄道の運用所が支えとなって、高速鉄道の点検網を作り上げた。運転中の動車組には同乗者「ドクター」（機械技師）がいて、彼らは毎日旅客とともに全国を飛び回り、一編成一編成の「陸上便」を護衛しながら無事に目的地に到着させている。地上勤務の機械技師は列車の車庫内点検修理を担当し、各種の精密設備と器械を使い、わずかな亀裂やボルトの緩みを見逃すことなく、状態をよくした列車を一編成一編成、同乗の整備士に引き渡している。

火災、雨雪や凍結、強風、濃霧、地質変化、異物侵入の防止を重点とし、高速鉄道の防災・安全監視システムを健全化した。高速鉄道の

中国鉄道本社手配指揮センター

緊急事態管理を強化し、緊急事態救援指揮機構を階層的に構築し、配車指令に列車集中制御装置（ＣＴＣ）を採用し、災害が発生しやすい天候、設備故障、線路障害、運行遅延などの非常状況下で速やかに速度制限運行、運休などのような緊急措置を発動し、高速鉄道の安全運行を確保している。

高速鉄道の人員の素養を高める。中国高速鉄道の「エース」運転手だと呼ばれる北京機関区高速鉄道運営部門の副主任である李東暁氏が作った「東暁高速鉄道安全値乗作業法」が、北京―天津間高速鉄道の運転手の運転宝典となった。彼が高速鉄道運転手の訓練を主導し始めて以来、多くの優秀な高速鉄道運転手を養成した。「故障処理が誰も手際よく、規則制度を確実に理解しており、安全を脅かすようなことは一つも起こさず、定刻に一秒たりとも遅れることなく、目標には寸分の狂いもなく、微動だにしない」という六つの基準を達成した。高速鉄道の安全・定刻を保ち、安定・快適を確保するために、高速鉄道の配車係、動車組の運転手、動車組の機械技師、設備保安員などの主要な走行職種の人員と専門技術者に対し、厳格な参入管理を実施し、

運転手は高速列車を運行する

有資格者が持ち場につき、実地訓練を強化している。それによって、責任意識が強く、技術業務が精通し、管理水準の高い従業員チームを構築している。

科学的で厳密な高速鉄道の安全管理を実施することで、中国高速鉄道はすでに動車組のオンラインモニタリング、線路設備のリアルタイム検査、設備運用情報のリアルタイム伝送分析、保守点検・修理、防災救助を一体とした安全管理システムを形成し、高速鉄道の運行の安全性と信頼性を効果的に保障している。

高密度、大容量、規則化された高速鉄道輸送組織。高速鉄道は鉄道本社、鉄道局の二レベルの配車指令を実行し、中国鉄道本社が全路高速鉄道列車の運行を統一的に協調指揮し、鉄道局は管轄範囲内の高速鉄道の配車指揮を担当している。高速鉄道は列車集中制御装置(CTC)による情報化管理を実施し、運行図の調整、進路自動制御、列車番号の自動追跡等の機能を実現し、

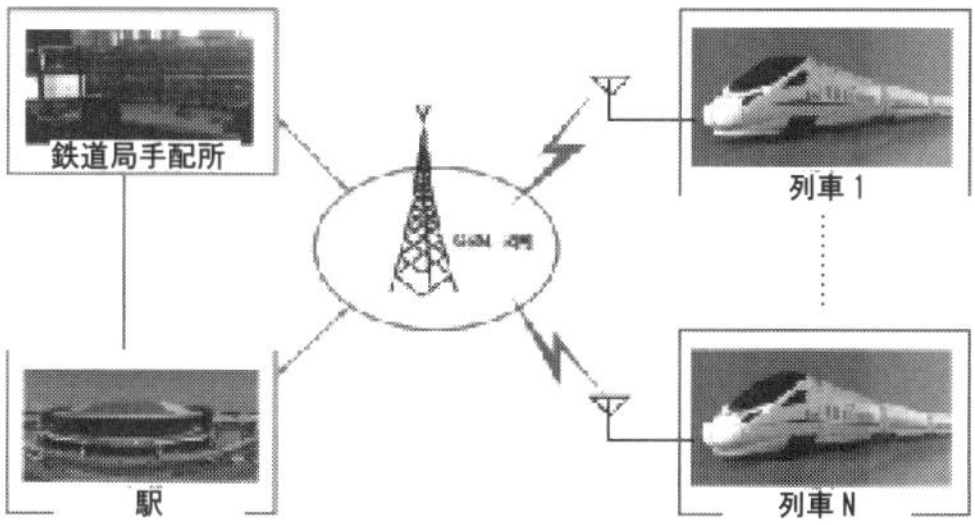

無線スケジューリング通信概略図

且つ、列車制御システム、運行管理システムとインターフェースさせて情報交換をしている。それによって、厳密に運行図に基づいて運行を組織し、高密度で運行させることができ、列車の運行時間を秒単位で計算し、運行の安全と運行秩序を確保するために技術的サポートを提供している。

いかに高速鉄道の運行計画を科学的かつ秩序をもって整理するかが、高速鉄道の運送組織における重点と難点である。中国高速鉄道は「安全第一、旅客第一」の理念を堅持し、速度、品質、利益と安全の関係を正確に処理し、高速鉄道の安全を確保した上で、高速鉄道の優位性を十分に発揮させ、列車運行計画を最適化し、輸送スケジュールの指揮を強化して、数多くの乗客の移動需要を満たすことに力を入れている。

統一的に計画し、個々に実施する。鉄道網の構

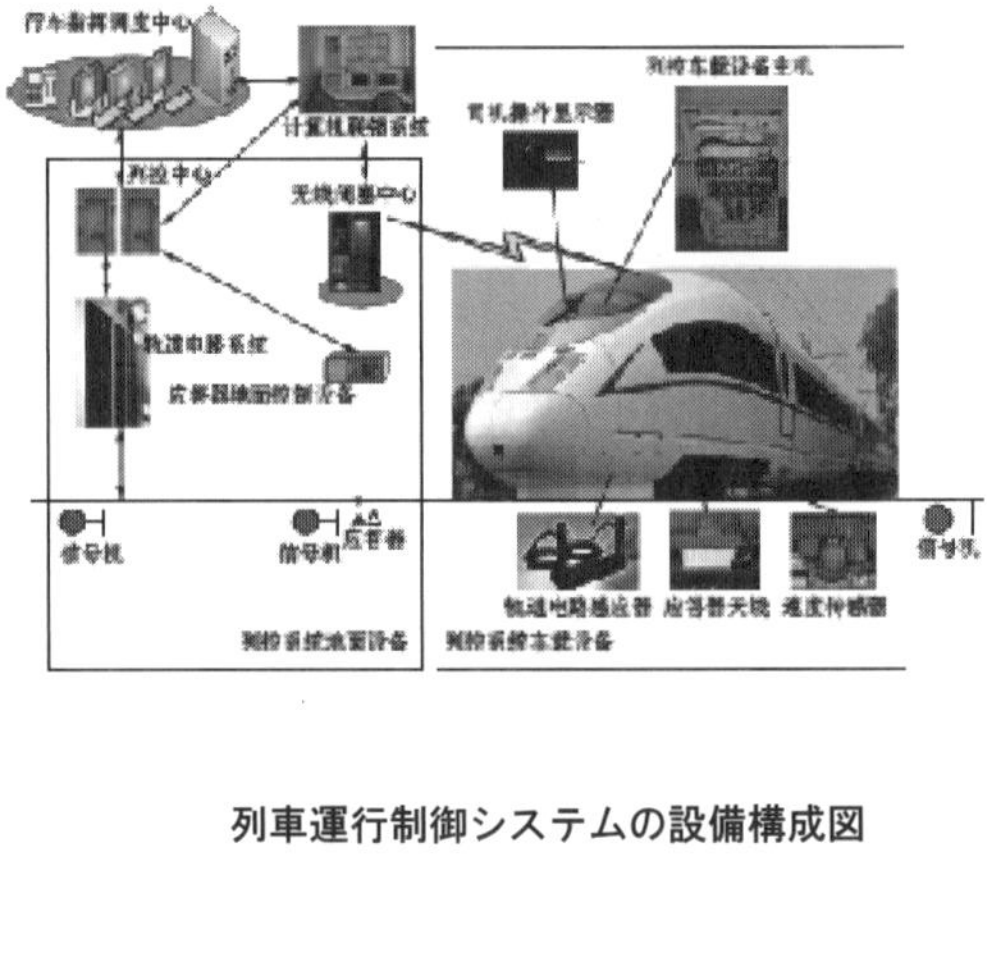

列車運行制御システムの設備構成図

造、路線能力、車両数、乗客数のニーズに応じ、高速鉄道と客車、新路線と既有路線、高速鉄道と普通列車の運行計画を統一し、基本的な列車運行図を集中的に描き、鉄道網の能力を最適化している。基本的な列車運行図に基づいて個々に実施し、動的運行図を採用して、乗客の流れの変化に応じるように、ラッシュアワー、週末、平常時の運行図を個々に実行している。

合理的にマッチングし、路線を跨いで運行する。鉄道網の効果と利益を統一的に考慮し、高速鉄道サービスのカバー範囲を最大限に拡大している。異なるスピードの列車の混合運転モードを実行し、時速三〇〇キロメートルの高速鉄道では、時速三〇〇キロメートルと時速二〇〇—二五〇キロメートルの二種類の高速鉄道が同時運行し、二種類の運賃の切符を販売している。時速二〇〇キロメートルの線路では、時速二〇〇キロメートルの動車組列車と時速一二〇—一六〇キロメートルの普通客車が同時運行している。時速三〇〇キロメートル、時速二〇〇キロメートルの路線と既存の路線間を跨いで列車を運行させ、動車組運行の経済性を強化している。

便利で快適な高速鉄道の旅客輸送サービス。技術革新と長年の建設・運営を通じて、中国高速鉄道は安定していて快適で、安全に信頼があり、輸送能力が十分で、省エネで環境に優しく、多層的にカバーし、旅客にとって便利であるという特徴と優位性を徐々に形成してきた。中国高速鉄道は「サービスを第一とし、旅客を身内のようにもてなす」ことをサービス理念とし、高速鉄道の旅客輸送サービスの質を大いに高め、旅客の「安全な移動、便利な移動、温かみのある移動」を確保し、多くの旅客が春風を浴びるように、高速鉄道の発展成果を身を持って感じることができるようになった。

段階的に増加し、密集して運行する。旅客数のニーズの増加傾向に応じて、段階的に運行数を増やし、運行プランを最適化している。旅客が密集している地域と時間帯には、本線の高速列車を大量に運行させ、エリアによっては最小三分間の運転間隔を実現している。武広、京滬、滬寧などの利用客の多い線路では、そのポイントポイントで定時に直通列車を手配し、多本数化の運営を実現している。

チケット販売サービスが多様化している。かつて列車は「切符一枚さえも手に入れることが難しかった」ので、人々はよく切符を買うために長蛇の列に並んだ。高速鉄道の発展に伴い、鉄道はインターネット販売、電話予約、携帯電話上での販売、自動券売など、様々な販売方式を全面的に推進している。高速鉄道駅構内に自動券売機・発券機が設置され、旅客のセルフ購入のニーズを満たしている。二〇一三年、

北京鉄道顧客サービスセンター

鉄道のインターネットチケット販売と電話チケット予約は一日平均一九二・九万枚に達し、すでに全路線のチケット販売総量の三一・八％を占めており、春運のピーク期間中に販売されたチケット全体の五〇％以上を占めた。全線の各主要駅にはPOSが設置されており、銀行カードによる電子決済のチケット購入サービスを提供している。京滬、京津、滬杭、滬寧など多くの高速鉄道駅には電子チケットの一貫したサービスが実現されており、旅客はインターネットでチケットを購入した後、第二世代の身分証をスキャンすることで改札ゲートを通って乗車することができる。

顧客サービス組織の一体化。駅構内に構築された旅客サービスシステムは、情報の自動収集を踏まえ、統合管理システムを中心とし、駅の旅客向け放送、自動改札、案内掲示、カメラによる監視、セルフ検索とヘルプセンターなどの業務の集中的な統合と協調・連動を実現し、旅客に多方面のサービスを提供している。動車組では、車掌、運転手、付随整備士、乗務警官、食品販売スタッフ、清掃員の「六乗一体」という乗務管理制度が実施され、旅客サービス担当車掌を設け、「六乗」の協力メカニズムを構築している。

旅客の乗り換えが便利になる。「ゼロ距離乗り換え」の理念に基づき、現代化旅客ターミナルと旅客乗り換えセンターを建設し、鉄道客駅と都市バスシステム、さらには空港が一体化して、旅客が駅内で鉄道、地下鉄、バスにスムーズに乗り換えられるようにしている。明確且つ明瞭、迅速且つスムーズで、互いに干渉しない流線設計を採用し、先進的な誘導標識システムとセルフサービスシステムを構築し、旅客の出入りと乗り換えを容易にしている。北京南、上海虹橋、南京南などの大型高速鉄道駅は地方交通とのシームレス連結を実現し、乗り換えの徒歩距離を減らし、旅客は駅を出ることなく地下鉄、バス停に直行して乗り換えられる。

乗車環境の快適化。高速鉄道駅と高速列車の内部デザインはスタイリッシュで、広くて明るい。情報サービス、飲食サービス、荷物預かりサービス、バリアフリーサービスなどの機能施設が整い、各機能エリアが合理的に配置されており、旅客の待合室や乗車に快適で便利な環境を提供している。車両には全自

食堂車

情報ディスプレイ

車両のシート

バリアフリートイレ

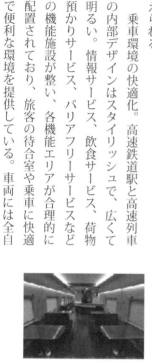

動恒温エアコンシステムが設置されている。座席はすべてソファー式座席で、大部分の座席は傾斜度を調節でき、そして回転できる。航空式飲食施設、障害者トイレ、車椅子保管エリア、ベビーケア用テーブルなどが設置されており、異なる旅客のニーズを満たしている。トイレ内にはセンサー式自動水栓、温水の供給があり、密閉式環境保護型トイレ装置を採用している。温かみがあり、静かで、調和のとれた旅行環境は、昔の駅舎の「汚い、乱雑、見劣り」から代わり、鉄道に対するイメージの変換を加速させ、乗客がより快適なサービスを受けられるようにしている。

「お金があってもお金がなくても、実家に帰って年越しをしよう」というのは、中華民族の欠かせない風習であり、現在世界最大規模で周期的な人口大移動である中国春運を築いている。毎年の春運には、大勢の人が乗車券を購入する列に並び、大きな荷物を持ち、肩を寄せ合うように混雑した車両に乗り込み、鉄道部門は大きなプレッシャーを受け、挑戦を続けている。京滬、京広など三十路線以上の高速鉄道の開通に伴い、ここ三十年続いた「混雑、混乱、緩慢（のろいこと）」という鉄道による春運のイメージは人々の視野から消え始め、次第に「快速、安全、快適」という新しいイメージに取って代わられている。今では、高速鉄道に乗り余裕を持って、体裁よく家に帰って年越しをすることが時代の流行になっている。年一年変わらないのは人々の春節・団欒に対する期待で、静かに変わったのは、高速列車のように速いスピードで前進する美しい生活である。

2　中国高速鉄道の海外進出

急速に発展する中国高速鉄道は世界で広く注目を集めている。ここ数年、アメリカ、ロシア、ドイツ、南アフリカ、スペインなど数十国家の政府要人、国際組織代表、世界鉄道同業者と国外記者らが、高速鉄道に乗って中国高速鉄道を考察した。

オバマ米大統領は二〇〇九年の一般教書演説で、「アメリカは歴史上初めての鉄道網と高速道路網を建設した。欧州と中国が最速の鉄道を持つのを黙って見ているわけには行かない」と主張した。

十年間の高速鉄道科学研究試験と技術備蓄、十年間の大規模高速鉄道の建設と運営、二十年間の困難な練磨を経て、中国鉄道は高速鉄道プロジェクトの建造、高速動車組、列車の制御、牽引給電、運営管理、安全リスクの予防・抑制、システム統合などの重要技術を含め、測量、設計から建設、運営管理に至るまで、高速鉄道の完全

2011年8月10日、中国初のヨーロッパ向け新型ライトレール列車が南車株洲電気機関車有限会社でラインオフした。

な技術を全面的に習得している世界でも数少ない国の一つとなり、海外進出の実力と優位性を備えている。

二〇一三年十月六日、習近平国家主席がインドネシアのバリ島でタイのインラック首相と会見した時、高速鉄道と水利施設の建設は地域の相互交流とタイの国家経済と民生に関わるものであり、中国とタイの友好を象徴するプロジェクトとなるよう最優先の協力事項として推進すべきだと強調した。

二〇一三年十月十二日、国務院の李克強総理とタイのインラック首相はバンコクのシリキットナショナルコンベンションセンターで行われた中国高速鉄道展の開幕式に出席した。李克強総理はインラック氏に対し、中国の高速鉄道は技術が先進的で、安全で信頼性があり、コストに競争上の優位性があると述べた。インラック氏は李克強氏にタイの高速鉄道建設計画と地域間の相互接続における地位について説明した。今回の訪タイでは、中タイ両国が『鉄道協力を深めることに関する覚書』に調印した。

「10＋1」サミットで、李克強総理は中国—ＡＳＥＡＮ協力の「フ

2013年11月29日、飛行機は中国北車唐車会社が開発した「祥竜号」現代有軌道電車を出荷し、出発してトルコに向かった。

ラッグシップ・プロジェクト」となり得る汎アジア横断鉄道に言及した。中国南西部と東南アジアを結ぶこの高速鉄道の「黄金回廊」は、ラオス、タイの東北線を経由し、南に伸びてマレーシアを経由、最終的にシンガポールに到着した。ラオス国会は、中国と協力して高速鉄道を建設する計画を採択した。

二〇一二年、中国とASEANの貿易額はすでに四〇〇〇億ドルの水準に達しており、二〇二〇年までに一兆ドルの目標を達成するために、インフラの整備と相互接続の実現に対してより高い要求を突きつけた。高速鉄道が代表する「中国速度」は、地域経済の一体化に新たな原動力を注ぎ込むことになる。

中国は各国と一連の鉄道面での協力協定を結んでおり、中国企業が十五億ドルを投資し、インドネシアの首都ジャカルタの三十キロメートルのモノレール建設に参加するなどしている。二〇一三年十月十七日、李克強総理は北京を訪れたオーストラリア総督に中国高速鉄道を売り込んだ。

それから四十日後の十一月二十六日、李克強総理と中東欧国家の指導者は中国鉄道本社の盛光祖社長の案内のもと、ルーマニア議会宮殿で中国鉄道などのインフラと設備製造展を共同で見学した。李克強総理は中東欧諸国の指導者に、「中国高速鉄道は技術装備が成熟しており、施工経験が豊富である。また、競争の優位性が明らかで、各国の状況に完全に順応し、市場の需要を満たすことができる」と述べた。

この一連の動きを外国メディアは中国が「高速鉄道外交」のカードを切ったと伝えた。

中国政府が頻繁に「高速鉄道外交」カードを打ち出しているのは、中国高速鉄道が「海外進出」という明らかな優位性を持っていることに由来する。まず費用対効果である。研究報告によると、海外の高速鉄道建設コストは一キロメートル当たり約五〇〇〇万ドルで、中国は三三〇〇万ドルである。中国は一万キロメートルの高速鉄道網建設の中で膨大な技術・技能チームを育成し、完全な産業チェーンを形成していることにより、それに応じてコストを下げることができる。技術面では、中国高速鉄道は多くの先進国の成熟した先進技術を消化吸収し、また再革新を行い、双方を受け入れる特徴があり、適応性が比較的際立っている。中国は一万キロメートルの高速鉄道の建設を経験しており、実践経験が豊富である。それにより異なる地質条件、異なる気候環境下で高速鉄道を建設・運営する経験を備えている。また安全性も保証されており、地形が複雑で気候が湿熱の東南アジア地域で腕を振るう能力がある。

中国経済にとって、高速鉄道の「海外進出」のメリットは言うまでもない。商務部の某ベテラン研究員は、「高速鉄道の海外進出には二つのレベルがある。一つは車両設備の輸出であり、もう一つは高速鉄道システムの輸出だ」と指摘した。後者は設備のほか、鉄道全体の敷設を担当し、貨物貿易とサービス貿易の結合である。これは中国が製造業と工事請負分野での優位性を発揮し、対外貿易の順調な成長を助けるのに役立つ。

中国鉄建が請け負ったメッカ・ライトレールは、工事請負と設備輸出の結合に属する。メッカ・ライトレールはサウジアラビア初のライトレールで、世界一三〇カ国以上の多くのイスラム教徒が毎年聖なる都市メッカを巡礼する「天の道」となっている。このライトレールの全長は一八・二五キロメートルである。計九つの駅が設置され、設計輸送能力は片道あたり一時間七・二万人で、今に至るまでで世界で設計輸送能力が最大、運営モデルが最も複雑、室外温度が最も高く、同類プロジェクトの建設工期が最も短いライトレール鉄道プロジェクトである。二〇〇九年二月に着工した同プロジェクトは、中国鉄建の施工チームが古里から離れ、高温・酷暑、宗教・人文の違い、水土不服（新しい土地で気候や風土に合わないこと）、工期の逼迫、任務の重さなどの困難を克服し、二十二カ月間の奮闘を続けた。

線路の基礎、駅舎の建設と「四電」の設置を期日どおりに完了させ、二〇一〇年十一月のメッカ巡礼期間中の運行を順調に確保した。

遠方から巡礼に訪れた人々は、中国北車長客株式が開発した大編成、大輸送能力、高温・風砂に耐えられる性能を持つライトレール車両に乗り、「巡礼をより快適にし、混雑や渋滞、汚染がなくなる」と驚嘆した。サウジ都市農村省のアル・アビディン次官補は、「これはライトレールという名称ではあるが、一時間に七万人の乗客を運ぶから、ちっともライトではない」と述べた。メッカは史上初めての鉄道路線を持つことになり、ニューヨークの『デイリー・ニューズ』は、「数千年ぶりの新たな変化」だと述べた。

海外進出の工事請負において、中国鉄道は全体的な技術的優位性を発揮した。二〇一一年七月、中国鉄科院の科学技術検査担当者二十三人はメッカに赴き、ライトレール第二期共同調整試験に参加し、新たに投入された遠隔監視機能（SCADA）と信号システム自動列車運転装置（ATO）の検査を重点的に行った。メッカの夏の最高気温は55℃、日中の平均温度は40℃に達し、検査員は風が通らずエアコンもない駅の配電室において高温下での検査に耐えながら、何時間も我慢していた。二〇一一年十一月三日から九日にかけて、メッカのライトレール鉄道は当年の巡礼運営任務を円満に完了した。期間中、列車一七六五本を運行し、一五一・二五時間連続の安全運営を達成した。湾岸アラブ諸国の王族、政府関係者と社会各層の人士を含む世界各地の巡礼旅客三二二万人を輸送し、単位時間内に乗客を無事輸送する世界記録

サウジアラビアのライトレール

を更新した。ライトレール巡礼が注目され、サウジアラビアの国の切手のデザインに採用されたことで、中国は再び世界からの賞賛を博した。

中国の高速鉄道設備生産企業は「海外進出」の主力軍の一つだ。ここ十年、中国の高速鉄道の発展に伴い、中国の鉄道設備は世界に向けて進出している。中国北車は二〇〇二年からアジア・アフリカ・ラテンアメリカに邁進し、二〇一二年まで全線で欧米・オーストラリアに進出した。二〇〇二年の小口の部品コンテナ梱包輸出から、二〇一二年に入りコア技術をもって製造された車両が世界中を走り回るようになった。二〇〇二年に低価格製品で市場を切り開き、二〇一二年には「CNR」という中国ブランドをもって世界に進出した。二〇一二年三月二十日、中国北車が制造した電気自動車と地下鉄車両がブラジルのリオで正式に運行を開始した。ブラジルの人々は情熱的なサンバで東方からやってきた「中国ドラゴン」を歓迎し、ブラジルのメディアは「中国の新車に満点をつける」という見出しで市民の注目を集めた。中国の電気自動車チームは続々と海を渡ってブラジル、アルゼンチンに到着し、二〇一四年のブラジルW杯と二〇一六年のオリンピックに早くもサービスを提供することになる。中国北車の輸出額は二〇〇〇年のグループ設立時の五〇〇〇万ドルから、二〇一三年には約十七億ドルと十三年前の三十四倍にまで成長した。

中国南車の「海外進出」も急速な発展を遂げており、軌道交通の設備製品はすでに世界八十以上の国と地域に輸出されている。高速列車、都市間地下鉄を代表とするハイエンド製品はオーストラリア、シンガポール、マレーシア、トルコ、グルジア、インド、南アフリカ、国内の香港などの国・地域に輸出されている。二〇一三年十一月七日、中国南車で中国初の輸出型高速列車が製造完了した。同型高速列車は八両編成の計九本、設計時速三五〇キロメートルで、香港鉄道専用に設計されており、まず香港―広州間で運用が開始された。二〇一三年十月時点で、中国南車の海外での受注額は二四一・九億元に達し、受注額全体の二一・七％を占めた。直近の三年間における中国南車の海外市場の契約額は年々増加し、二〇一一年は五十五億元、二〇一二年は一三五億元、二〇一三年は一三六億元に達した。

評価に値するのは、中国高速鉄道設備はすでに製品輸出から「製品＋サービス」への転換が実現されており、製品を販売するだけでなく、現地に修理やメンテナスなどを提供する４Ｓ（Sale＝販売、Spare Part＝部品交換、Service＝アフターサービス、Survey＝フィードバック）店舗を設立し、寿命に至るまでの全メンテナンスを行う。中国南車は積極的に現地化生産戦略を実施し、マレーシア、トルコ、南アフリカなどに生産拠点を建設し、海外市場の現地化生産を実現している。現在、中国南車はすでにアメリカ、イギリス、オーストラリア、ブラジル、マレーシアなどの国と地域に十社の子会社を設立した。

中国高速鉄道の「海外進出」で利益を受けたのは鉄道業界だけではなく、「メイド・イン・チャイナ」全体も含まれる。長い間、中国が輸出する貨物の量は莫大だったが、付加価値はそれほど高くなかった。今、世界のほとんどの有名ブランドは欧米諸国から出てきたものだ。高速鉄道は資金、技術集約型の輸出製品として、中国のハイテク分野におけるブランドを確立し、「メイド・イン・チャイナ」のイメージを改善することができる。中国の高速鉄道設備ブランドの世界進出は、中国のハイエンド設備製造業の技術、資源、資金、人材のグローバル配置を推進し、世界への融合を加速させることは間違いない。

中国高速鉄道の急速な発展は多くの国の注目を集めた。中国南車グループによると、世界の五十カ国以上が同社と高速鉄道についての協力に関与し、そのうち二十カ国以上が同社と更なる商談を行った。その中には、米国、ブラジル、ロシア、ルーマニアなどの高速鉄道の潜在市場が含まれるという。中国製のCRH380A型高速鉄道車両はすでにアメリカの知的財産権認証を取得し、完全に独自の知的財産権を有しており、世界各地に輸出することができるという。中国の高速鉄道が海外進出する潜在力は大きく、将来に期待できる。

3　中国の発展スピードの謎を解読

高速鉄道とは、その名の通り速度の速い鉄道のことだ。国際鉄道連盟（UIC）は高速鉄道のことを、既存の線路を改造して設計時速二〇〇キロメートル以上を達成するか、線路を新設して設計時速二五〇キロメートル以上を達成したものと定義している。中国は高速鉄道を、時速二五〇キロメートル以上の高速列車を新たに設計・運行し、初期に時速二〇〇キロメートル以上の旅客専用線を運行する鉄道と定義している。

一九六四年、日本は世界初の高速鉄道を竣工し、その最高時速は二一〇キロメートルであった。それから四十四年後の二〇〇八年八月一日、中国初の時速三五〇キロメートルの高速鉄道北京―天津間の開通運営が始まった。わずか数年の間、高速鉄道は中国の大地で急速に発展し、巨大なドラゴンが長江の南北を横断し、沿海の内陸をつなぐようになった。二〇一三年末までに、中国で新たに開業した高速鉄道の総距離は一万キロメートルを突破し、世界一位となった。

中国の発展スピードに疑問を抱きながらも驚き、海外では「中国高速鉄道は一夜にして『浮かび出てきた』かのようで、『中国の発展スピード』の秘密はどこにあるのか」という声が上がった。

実際に高速鉄道は社会と経済が一定の段階まで発展したことを示す

世界で最も路線距離の長い高速鉄道である京滬高速鉄道が竣工

産物であり、国の全体的な経済力と社会発展レベルと関係がある。もしある国の経済レベルが一定の段階に達していなければ、高速鉄道を建設するのは困難であるだけでなく、建設しても日常の運営維持のコストが非常に高くなってしまう。

二〇〇四年一月、国務院は『中長期鉄道網計画』を発表し、中国高速鉄道の建設を正式にスタートさせた。この時点で中国は高速鉄道を発展させる三つの条件を備えていた。

第一に、二十五年の改革開放を経て、中国の総合的な国力が絶えず高まり、科学技術の革新能力が大幅に向上したこと。

第二に、十年以上にわたる高速鉄道の科学研究における難関の突破と工学試験を経て、中国高速鉄道建設のために経験を積み重ね、人材を蓄えたこと。一九九〇年から、中国は高速鉄道の設計・建設技術、高速列車、運営管理などの重要な技術の難関に取り組むことを組織し、広深鉄道の速度向上改造を行い、秦瀋旅客専用線を建設した。また、前後して鉄道の大幅な高速化を六回実施し、高速鉄道技術標準体系の構築に向け基礎を固めた。

第三に、社会において高速鉄道の発展に対してすでに共通認識が形成さ

世界で（幹線が）最も長い
高速鉄道——京広高速鉄道

れていたこと。高速鉄道は安全で信頼性が高く、便利で迅速で、輸送力が大きく、省エネ・環境保護などのメリットがある。高速鉄道の発展は省エネ・環境保護に有利であり、低い資源・環境コストで経済・社会発展の輸送需要を満たすことができる。工業化と都市化が急速に発展するまさにその時期に、中国は高速鉄道を発展させることを選択した。

この三つの条件が揃っているからといって、任務を完了したことにはならない。可能性を現実性に変え、無から有へ、ハイクオリティー・ハイスピードの高速鉄道を建設するには、まだ長い道のりがあり、慎重に組織し、科学的に実施し、調査・設計、基礎工事、設備製造、通信・信号、システムインテグレーション、運営管理などの科学技術の難題を一つ一つ克服しなければならない。

中国はなぜわずか十年で一・一万キロメートルのハイレベルの高速鉄道を建設できたのか。「中国の発展スピード」はどのようにして磨き上げられたのか。中国高速鉄道建設の経験を細部まで総括することは、経済発展方式の転換を加速して持続可能な発展を実現し、革新的な国家建設を推進する上で、多くの有益な啓発がある。

中国体制の優位性を発揮し、力を集中して大事を成し遂げる。中国の高速鉄道建設は、国の政策決定、合資による鉄路建設、地方からの参加、力を集結した建設という新たなモデルを切り開いた。鉄道部は前後して三十一の省・市・自治区政府と鉄道建設の戦略的協力協定を結び、地方政府の鉄道建設の積極性を十分に発揮した。また、地方は土地を低価格で提供し、土地収用・撤去・移転という大きな難題を解決して、鉄道建設を加速するために良好な環境を整えた。七省・直轄市を結ぶ京滬高速鉄道の土地収用・立ち退きは、人口密集地で広範囲に及び、複雑な手続きが必要という大きな課題に直面していたが、沿線地方政府と民衆の熱情溢れる支持のもと、計画当初は六カ月で完了する予定だったが、わずか三カ月で九十八％を達成できた。二〇〇五年に石太、武広、京津など十一路線の高速鉄道と旅客専用線が相次いで全面的に着工した。十余りの省・市政府が全面的に支持し、数百の機関、数十万の建設隊が団結・協力し、心を一つにして力を合わせて高速鉄道を共同建設するという活力のある局面を生み出した。

　スウェーデン欧州連合研究所の研究員であるエレナカルソンは中国の高速鉄道開発の体制的優位性を発見

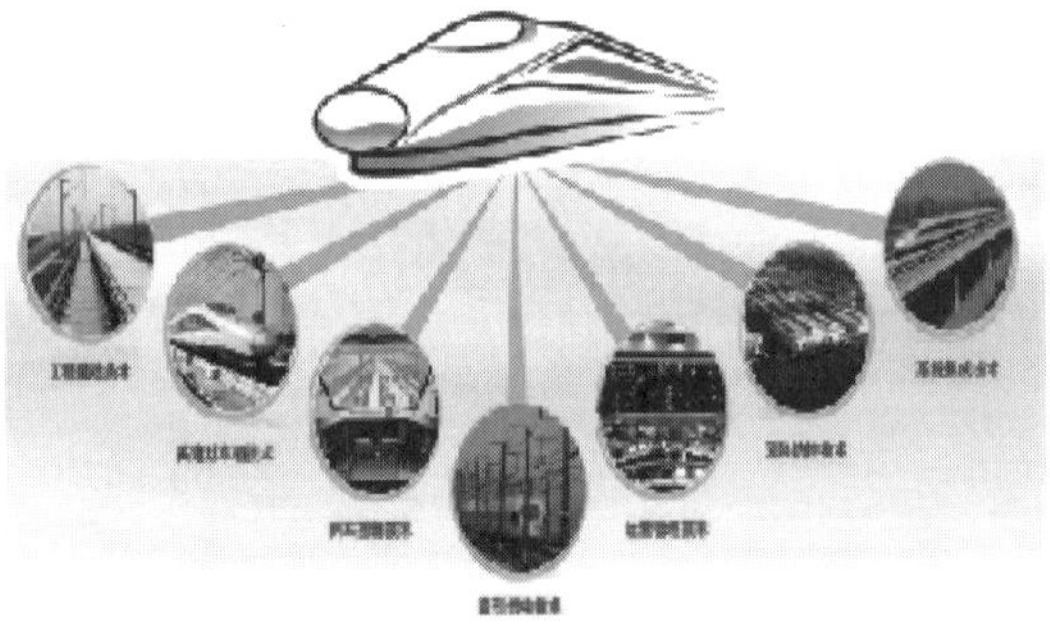

中国高速鉄道技術体系

し、「中国の高速鉄道開発は非常に賢明な選択であり、新たな経済的支持点を見つけると同時に、将来のエネルギー利用の頂点、政治的頂点を占めるだろう。ヨーロッパと比べると、中国にはヨーロッパのような互いに牽制し合うような問題がない」と述べた。

中国の高速鉄道建設が成功した事実が物語っているように、力を集中して大事をなす体制の優位性を発揮し、科学化・民主化の政策決定を堅持し、その優位性と資源配置における市場の決定的な役割を有機的に結びつけることに長けており、新型工業化、情報化、都市化、農業現代化の発展を推進する上で重要な役割を果たしている。

導入と革新を結びつけ、導入・消化・吸収・再革新の道を歩む。高速鉄道は今の時代のハイテク技術の集積であり、人類文明の結晶でもあり、鉄道現代化のシンボルである。中国鉄道は長期的な科学研究試験と技術備蓄を踏まえた上で、十分に世界の鉄道の先進技術の成果を参考にし、高速鉄道の建設と輸送の需要を緊密にめぐって、自主革新、統合革新、導入・消化・吸収・再革新を大

2006年7月1日、チベット鉄道が全線開通した。チベット鉄道は世界で最も標高が高く、線路が最も長い高原鉄道で、全長1956km。

いに推進し、高速鉄道のコア技術分野で一連の重大な成果を手に入れ、比較的完備された高速鉄道技術体系を形成し、中国の国情に適した科学技術革新の道を歩み出てきた。

近代史をひもとくと、ヨーロッパでルネサンスが始まり、産業革命が始まった時に、中国が閉鎖して停滞したのは、清王朝の封建統治者が傲慢で、西洋の先進技術を学ぶことを拒否していたことが主な原因の一つである。一七九三年、英国の使者であるジョージ・マカートニー(Lord Macartney)が中国を訪れ、産業革命という驚異的な成果をもたらしたが、乾隆帝は意に介さず、英国の使者に「天朝(中国歴代王朝の自称)の物産は豊満であり、あらゆるものがあるのだから、外夷(外国のこと)の貨物など必要ない」と語った。中国がこのような高慢のために払った代価は一〇〇年余りの衰退と陳腐、そして侵略されたことであった。しかし、ヨーロッパ、アメリカ、日本はどんどん前に進んでいた。アヘン戦争以前、中国の経済総量は世界一だったが、英仏などの船と鉄砲などの凄さにはかなわなかった。アヘン戦争の敗北後、イギリスなど多くの列強は中国に鉄道を建設することを提案し続けたが、愚かで陳腐な清王朝は鉄道を「西洋の化け物」と「洪水や猛獣」のようなものとみなし、鉄道を建設することによって「我々の垣根を破って、我々の田畑や住居を壊し、我々の風水を悪くする」ものだと考え、頑固に国門の外に鉄道を追い払い、中国の鉄道建設を三十年以上も遅らせた。

海外技術の学習、導入と管理の問題について、現状にあんじて進歩を求めないわけにも、盲目的に排外する訳にもいかず、また相手を真似て行動したり、そのまま模倣することもできない。中国の高速鉄道建設は、導入と革新の弁証法的な関係を正しく処理し、世界の先進水準に目を向け、科学的に真理を求め、某国の技術をそのまま取り入れるのではなく、フランス、日本、ドイツなどの「大国の技術」から長所を学び、取り入れ、自主的に革新し、システム統合している。

中国鉄道は体制の優位性を十分に発揮し、プロジェクト建設、設備製造、運輸企業、科学研究機関と大学を組織し、高速鉄道科学技術難関突破を共同で展開した。工務工程技術の面では、原始的な革新を主とする、列車の運行制御技術、設計・建造などの面では、統合・革新を主とした。そして、高速列車の開発などの面では、導入・消化・吸収・再革新を主とした。異なる革新方式の有機的な結合によって、革新発展の強大な力となり、国情・道路状況に適合させ、独自の知的財産権を有する高速鉄道技術標準体系を形成した。これには、工務工程、牽引給電、通信信号、電気動車組、情報システム、運用・メンテナンスの六つのシステムが含まれている。各システムにはい

寧杭高速鉄道（南京 - 杭州）臥竜山第２号トンネルから列車が出る。

くつかのサブシステムが含まれている。例えば、工務工程というシステムには探査設計、線路、駅場、路床、軌道、橋梁、トンネル、建築などのサブシステムが含まれている。

この十年間、中国鉄道の技術水準は大きな飛躍を実現し、高速鉄道、鉄道車両、高原鉄道、既存線のスピードアップ、重量貨物輸送、輸送調整などの技術は世界先進水準に邁進し、輸送効率が世界一となり、経済・社会の発展に大きく寄与した。

科学的に管理し、丹念に組織し、各方面の力を統合して一丸となって高速鉄道を建設する。中国の高速鉄道プロジェクトは建設規模が大きく、技術基準が高く、持続時間が長く、関連部門と機関が多い。高速鉄道工事の効率的かつ迅速で秩序ある進行を確保するため、管理の面で中国高速鉄道は政府が統一的に計画し、建設を組織した。また、建設部門をリーダーとし、品質安全を核心とした。施工組織を主軸とし、標準化管理を手がかりとするプロジェクト建設モデルを実施した。建設理念、管理体制、管理方法、品質制御、プロジェクト推進、監督管理等の面で、国情に合った科学的且つ有効な管理体系を模索して形成し、実施した。

高速鉄道建設管理の革新的なポイントは標準化管理である。高速鉄道の技術基準は複雑で、品質に対する要求が厳格である。中国鉄道は従来の「大会戦」の粗放型管理モデルを改め、建設プロジェクトを拠り所に、機械化、工場化、専門化、情報化を支持手段として、鉄道建設の標準化管理を全面的に推進した。管理制度の標準化、人員配置の標準化、現場管理の標準化、プロセスコントロールの標準化の四つの部分から構成され、工事内容とチーム構築の内容をカバーしている。標準体系は技術基準、管理基準、作業基準の三項目を含み、等級別に制定され、全線で統一されている。標準化は建設、設計、施工、コンサルティング、管理監督者の管理を効果的に組織・強化し、施工現場では過去のような人員密集の場面が見られなくなった。

労働者は機械化、工場化、専門化生産に移行した。工事中は気を張り詰めながら秩序正しく、どの工程でも、すべてのことに流れがあり、すべてのことに基準があり、すべてのことに責任者がいることが求められている。どのポストでも、基準が習慣になり、習慣が基準に合致し、結果が基準を満たさなければならない。

建設の実践が証明しているように、この管理システムは中国高速鉄道の大規模で速いペースの発展の要求に合致している。各建設会社が勝ち残り、一流の活力と原動力を引き出し、各高速鉄道の建設を科学的かつ秩序立って組織し、プロジェクト建設の「品質、安全、工期、投資、環境保護と安定」の六つの総合管理目標を実現した。また、各高速鉄道建設を高基準でスタートし、高効率で推進し、高品質で完成させることを確保した。

数十万の鉄道建設隊が奮闘し、現状に沿い革新し、一流高速鉄道の夢のために努力する。勤勉勇敢、自強不断の精神は、数千年にわたる中華民族の不断の発展・強大化における重要な精神的支えである。半世紀余りにわたり、困難に満ちた鉄道建設の中で、志が高く、気風が高く、優れた技術を持つ鉄道建設隊を築き上げてきた。高速鉄道建設において、先進国の鉄道に少なくとも二〇年遅れている弱い立場に直面した中国鉄道建設隊は、学習しながらイノベーションを起こし、イノベーションの中でキャッチアップし、世界から注目を集める成果を収め、新時代の中華民族精神の継承とイノベーションを体現した。

わずか十年間で、中国の高速鉄道は如何にして無から有へ、ラインからネットワークへと、世界トップの一万キロメートル以上の高速鉄道網を構築することができたのであろうか。その理由としては、中国が力を集中して大事を処理する体制の優位性を持ち、技術面では長所を受け入れ、自主的に革新することを堅持した。また、管理面では科学的で効率的な管理システムを実施し、気風が堅く、技術が精鋭で素質の高い鉄道建設隊があることだ。これが中国高速鉄道の台頭と超越の四大「宝物」である。

六　高速鉄道時代は何をもたらしたのか

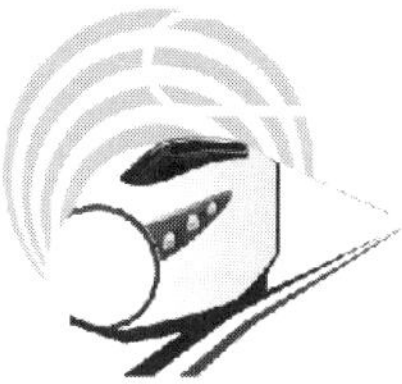

近年、中国の大地で高速鉄道から出た時代の力強い福音が響き渡っている。わずか十年間で、中国高速鉄道はゼロから一へ、ラインからネットワークへ変化してきた。二〇一三年末までに中国国内の総運行距離が一万キロメートルを超え、世界中の高速鉄道の総運行距離の半分以上を占めている。

「中国高速鉄道」は世界の注目を浴びるトレンド入りのホットワードになっていることに違いないだろう。その崛起の速さ、持続力の強さは、世界から驚きと切望を寄せている。スウェーデンの欧州連盟研究所の研究員であるエレナ・カールソンによると、高速鉄道網が築いたのは中国にとって、発展史上の「転機の戦い」で、中国が高速鉄道を開発したのは、交通手段を選んだだけではなく、未来を計画しているのだと言っている。

アメリカ『ニューヨーク・タイムズ』は、「中国の高速鉄道網に対する約定は中国の経済における競争力を高めた。生産力を高め、コストを下げるために州間高速道路を建設した半世紀前のアメリカと同じようなことをした」と報じた。全米鉄道旅客公社の政策・開発を担当するスティーブン副社長は、「彼らが必要とする大量の設備と開発する技術だけをもっても、中国を世界のトップに押し上げられるだろう」と述べた。

中国高速鉄道は何をもたらしたのか。これは人によって見方が異なる問題である。

経済学者によると、高速鉄道は現代社会の新しい輸送方式として、工業化と都市化の発展に繋がり、国内の各地域と都市・農村の一体化の発展を促進し、経済・社会の発展を推し進めるには掛け替えのない作用がある。

環境学者によると、高速鉄道は電力を使うので、効果的に省エネ・排出削減ができ、基本的には粉塵、油煙や他の排気ガスによる汚染を取り除いた。低炭素・グリーン経済について優秀な実践者だと言える。外交官によると、高速鉄道はすでに美しき「中国の名刺」になっている。日ましに強まる総合的国力の縮図として、中国の発展と進歩の新しいイメージを示している。

新聞記者によると、夢を見つけ、夢を目指し、夢を築き、夢を叶えて、中国の高速鉄道は中国の改革と発展、そして中華民族の偉大な復興をテーマにした素晴らしきメロディーを奏でている。

多くの旅客からの答えはより直接的で具体的である。以前は列車に乗る際、チケットを購入することも乗車することも難しかったが、今は高速鉄道が路線バスのように運営され、便利で速く、そして快適に乗車できる。新聞が報道するよりもすばらしい。

中国の高速鉄道はもはや単純な輸送機関ではないようだ。それは全

厦門 - 深圳高速鉄道、広東省で最長の海上橋——長沙湾特大橋

方位的に中国を変化させており、世界に影響を与え、そして大国の風格を成就するために迅速に前進している！

1　中国高速鉄道　一万キロメートル突破

二〇一三年十二月二十八日は、中国鉄道の発展史上の特別な日である。この日、厦門─深圳高速鉄道、西安─宝鶏高速鉄道、衡陽‐柳州鉄道、柳州─南寧旅客専用列車、武漢─咸寧都市間鉄道および他の多くの新路線が開通し運営を開始した。

この日、中国の高速鉄道の総運行距離が一万キロメートルを超え、合計一万一〇二八キロメートルとなり、世界の高速鉄道の総運行距離の半分以上を占めるようになった。中国には三十四の高速鉄道路線があり、一六〇を超える地級以上の都市（省都とその他の市）をカバーしている。長江デルタ、珠江デルタと環渤海という三つの大都市群において、高速鉄道の路線はネットワークとして繋がっている。

この日、中国鉄道の運行距離が十万キロメートルを突破し、二重の喜びが訪れた。大きな主幹線を骨格とし、幹と枝が結びつき、縦横に交錯し、都市と農村を繋げ、四通八達の鉄道網がすばらしい絵巻となって国民の前に現れた。

十万キロメートルの鉄道のうち、時速一二〇キロメートル以上の路線は四万キロメートルを超え、そのうち時速一六〇キロメートル以上の路線は二万キロメートルを超えた。複線は四万八〇〇〇キロメートル、電気化鉄道は五万六〇〇〇キロメートルに達した。これは中国鉄道網の質が著しく向上し、鉄路網の構造がより合理的になり、鉄路網の配置がより最適化されたことを示している。

十万キロメートルの鉄道の中で最も注目を集めたのは、高速鉄道が既に一万キロメートルを突破したことだ。一〇パーセントという高速鉄道の比率をもって、中国鉄道網の「金の含有量」は世界をリードし、また中国国民の「道路自信（中国の特色ある社会主義の道を堅持し、中国の特色ある社会主義の道が偉大な勝利を収めることができると確信すること）」を高めた。高速鉄道は中国にとって競争力のある技術・産業資源となり、「中国の名刺」となっている。『ニューヨーク・タイムズ』は二〇一三年九月二十三日、「高速鉄道が中国を変える」という記事で、「間違いなく、高速鉄道が予想外の方式で中国を変えた」と報じた。同記事では高速鉄道が他の新興経済体の成長が停滞してい

2013年12月28日、旅客は動車組に乗って深圳北駅から出発し、厦門 - 深圳高速鉄道の開通を祝賀。

る中で中国経済が成長を続けることを推進する一因だと客観的に指摘している。

厦深高速鉄道（厦門—深圳）は営業距離五一三キロメートルで、福建省、広東省を跨ぎ、深圳、汕頭、厦門の三つの特別行政区を結んでいる。沿線の人々は親しみを込めてこれを「特区専用線」と呼んでいる。漳浦、雲霄、詔安、饒平、普寧、陸豊、汕尾、恵東の八県市の鉄道不通の歴史に終止符を打っただけでなく、中国『中長期鉄道網計画』の「四縦四横」の高速鉄道網のうちの「一縦」である東南沿海鉄道が全線開通したことを示している。厦深高速鉄道は東に向かい、既に開通・運営されている福厦、温福、甬台温、杭甬などの沿海鉄道と接続して、上海まで直通している。また、深圳北駅を通じて広深港高速鉄道、京広高速鉄道と接続し、珠江デルタ、長江デルタ及び海峡西岸経済区域間の便利な輸送通路を形成している。

厦深高速鉄道沿線は客家《はっか》の居住地を通り、観光と客家文化の資源が豊富である。客家は、東晋の南北朝時代（約四—六世紀）から、隋唐時代（約六—十世紀）を経て、明末清初（十七世紀初期—中期）まで、戦乱を避けるために、千年にわたって北から南へ五回の大移動をした漢族によって形

厦深高速鉄道榕江特大橋

成された民族である。

北から南へ、江西、福建、広東から広西、陝西、四川まで、その後更に海を渡り、南洋に出て欧米にも行き、苦労して生計を立ててきた。現在、全世界の客家人は約一億二〇〇〇万人で、そのうち海外では約二〇〇〇万人が全世界五大陸の八十余りの国と地域に分布している。厦深高速鉄道は北側には贛竜鉄道（贛州―竜岩）、竜厦鉄道（竜岩―厦門）を接続し、福建西部、江西南部、広東東部の三大客家集積地を一線につなぎ、客家文化を明かす「黄金回廊」を形成している。新聞に掲載された内容によると、広東省、福建省観光局は江西省、上海、浙江省などの周辺省や台湾、香港、マカオ地域と連携し、客家文化観光ブランドを共同で作り上げようとしている。人々は厦深高速鉄道と竜厦、贛竜鉄道に乗って、沿線各所の客家文化観光スポットに容易に到着でき、客家料理を食べ、客家の民家を楽しむことができる。

「八百里の秦川は塵が舞い上がり、三千万の秦人が一斉に秦弁で叫んだ」秦川とは、南には秦嶺（陝西省南部を東西に走る山脈）を

2013年12月28日、西安-宝鶏高速鉄道が開通。写真＝動車組が西安北駅で整列して待機している様子。

控え、西は宝鶏峡から始まり、東は潼関に至る場所である。開通した西宝高速鉄道（西安―宝鶏）は、鄭西高速鉄道（鄭州―西安）と連結し、隴海干線（連云港―蘭州）と並行して西へ延び、八百里の秦川の「金の帯」となった。西宝高速鉄道は全長一六七キロメートルで、「四縦四横」の高速鉄道網のうち「一横」としての徐州―蘭州間の通路の重要な部分である。開通後は西部地区と中東部地区の人員と経済貿易の往来を密接にし、西部大開発を推進することにとって重要な意義を持っている。

渝利鉄道（重慶―湖北利川）は全長二八七キロメートルで、運営初期は時速二〇〇キロメートルだった。この開通により、中国の東・中・西部を貫く滬漢蓉鉄道（上海―武漢―成都）の全線がつながった。これは「四縦四横」の高速鉄道網計画の中で、先に連結された「一つ目の横」でもある。

長江に沿って東へ流れる四川と重慶を貫く鉄道を建設することは、人々の長年の夢であった。一九〇四年四川省の総督（清代の地方長官の名称）であった錫良は、株式を募集して川漢鉄道会社を設立し、川漢鉄道の建設を準備した。一九〇九年から一九一九年まで、詹天佑は川漢鉄道工事の総監督を命じられたが、時局が不安定で、資金が不足し、工事が困難であるなどの理由で、青雲の志を抱いたが、工事が棚上げにされ、後回しにされ続け、一〇〇年もの時間が過ぎてしまった。二〇一〇年、七年間の奮闘を経て、長さが三七七キロメートルで、世界では建設ハードルが一番高い山地鉄道の宜万鉄道（宜昌―重慶万州）が武陵大山を通り抜けた。数年間に、合武高速鉄道（合肥―武漢）、遂成鉄道（四川遂寧―成都）、滬寧高速鉄道（上海―南京）、漢宜高速鉄道（漢口―宜昌）、遂渝鉄道（重慶―四川遂寧）が相次いで開通した。「渝利鉄道」の開通と運営は、滬漢蓉大通路の最終区間を結び、川漢鉄道の百年の夢を実現させ、川渝地区の経済発展に新たな一ページを開いた。

十年間で夢を築き、実を結ぶ。二〇〇四年一月七日に中国の『中長期鉄道網計画』が発表されてから、中国鉄道の発展は素晴らしい一ページを開いた。中国鉄道は二〇〇三年には七万三〇〇〇キロメートル、二〇一三年末には十万キロメートルを突破した。それと同時に中国高速鉄道はわずか十年間で、ゼロから一へ、ラインからネットワークへと、一万キロメートルを突破した。この二大突破は、中国人の百年の夢を託された、幾世代かの鉄道マンの心血と汗を乗せ、中華民族の勤勉勇敢で、不屈の精神を持つ偉大な証である。

中国の高速鉄道が一万キロメートルを突破したのは、中国の百万人の建設隊が奮闘・献身し、革新を追求し、中国のために道を築き、一流を創ることを目指した結晶だ。高速鉄道における十年の戦いで、研究、デザインから施工、建設から運営まで、動車組の技術導入、吸収、革新から中国ブランドを作ってきた。百万人の建設隊が団結して協力し、中国国民の期待を担い、数世代の鉄道マンの宿願を託されながら、チャンスを掴もうとする強い意識、積極的に取り込もうとする意識、責任を果たそうとする意識を持って、万難を排して最後までやり抜き、高速鉄道の夢を実現させるために心血と知恵を注いだ。

詩人の鉄炉は「満江紅・中国高速鉄道一万キロメートル突破」と題し、建設隊への敬意を表した。

風が吹いて波が立ち、神州（中国）の地に高速鉄道が広がり渡る。幾たびか世の転変を味わい、十度春秋で一万キロメートル。精力や思慮の限りを尽くして良謀を催し、水陸斉発で激戦を急がす。世界を見渡して論剣を試みても、肩を並べられるものがどこにいるというのか？

著しく変化する情勢、いばらの道、危険な早瀬、恐怖なし。悪口と褒め言葉が常に伴うが、その答えは自ずとやってくる。バラストは黙して鉄道マンの深い情と志を表し、動車組は雄々しく英雄の風格を立てる。強風に乗って鉄路網は再び伸び広がり、霹靂が響き渡る。

一万キロメートルの高速鉄道は終点ではなく、新たな出発点だ。中国鉄道はまさに「強風に乗って鉄路網は再び伸び広がり」、志を変えず革新を目指し、新たな目標に向かって前進している。

2　高速鉄道に乗って北京から半日で五十四の都市に到着可能

北京から一路北上し、京津、津秦、秦瀋、哈大、高速列車は山海関の外にまで挺進し、東北三省を縦断している。

一路南下し、華南から華北、東北に至る南北の大動脈が、京石、石武と武広などを一線に繋いだ京広高速鉄道で貫通した。そして、中国地図の上に鮮やかな経線を描いた。

一路東進し、京滬高速鉄道は中国経済が最も活気に満ちている環渤海と長江デルタ地域を通り抜け、「黄金の通路」には奮起前進の笛が吹かれた。

海に沿い、風に臨む。寧杭、杭甬、甬台温、温福、福厦と厦深高速鉄道は、中国東南沿海に眩しい「金縁」をはめ込んだ。

わずか数年の間に、中国『中長期鉄道網計画』の中の「四縦」である高速旅客輸送幹線がほぼ貫通した。

国慶節連休中の二〇一三年十月五日、『北京青年報』は「北京から高速鉄道に乗れば、半日で五十四都市に到着可能」という記事を掲載した。報道によると、これら五十四都市は河北、山東、河南、山西、江蘇、安徽、湖北、陝西、浙江、上海、天津などの十一省市に分布しており、沿道にある名所旧跡は枚挙にいとまがない。

北京から高速鉄道で半日で到達する都市（一部）

都市	運行時間（約）	省	観光スポット
天津	30分	天津市	軽食を食べ、漫才を聞く
保定	30分	河北省	狼牙山、白洋淀
徳州	1時間	山東省	楽林万ムーの棗林
済南	1時間30分	山東省	趵突泉
泰安	2時間	山東省	泰山
曲阜	2時間	山東省	孔府、孔廟、孔林
陽泉	2時間	山西省	娘子関
太原	2時間30分	山西省	晋祠、天龍山石窟
淄博	3時間	山東省	蒲松齢旧居
濰坊	3時間30分	山東省	嵩山
南京	4時間	江蘇省	夫子廟、中山陵
洛陽	4時間	河南省	白馬寺、龍門石窟
合肥	4時間	安徽省	徽園、包公祠
三門峡	4時間30分	河南省	仰韶文化遺産、黄河ダム
青島	4時間30分	山東省	嶗山、金沙灘
無錫	5時間	江蘇省	太湖
蘇州	5時間	江蘇省	蘇州庭園
上海	5時間	上海市	老城隍廟、外灘
西安	5時間	陝西省	兵馬俑
杭州	5時間	浙江省	西湖、霊隠寺

そのうち、最も近い場所には三十分で、最も遠いところに行っても五時間で到着でき、高速鉄道は乗車時間を半分に短縮した。

北京から高速鉄道に乗れば、半日で五四都市に到着できることは、高速鉄道が高速で、旅客が便利に旅に出られるということの縮図である。

二〇一三年十二月一日に津秦高速鉄道（天津—秦皇島）が開通した後、北京から高速鉄道で半日で到着できるのは秦皇島、山海関、錦州、瀋陽などの地域に延伸した。即ち五四都市をはるかに超えたことになる。実際、上海、南京、杭州、瀋陽、鄭州、武漢、広州、西安などの各都市にも、半日以内で行ける都市が数多く存在する。

「高速鉄道は、鉄道輸送の大容量性、高速道路の利便性、航空輸送の迅速性という現代の三大交通手段の長所を統合した真新しい輸送手段である」と、ある経済学者は、高速鉄道の特徴を「三性」で概括した。

高速鉄道は安全で頼もしく、便利で速く、輸送力が強く、全天候輸送などの優位性を占めており、現代社会における都市部の人々のビジネス、旅行、帰省などに最も適している。京津、京滬、哈大、京広などの高速鉄道が相次いで開通したのは、鉄道輸送、旅客の行楽、時間効率など多方面に大きな変化をもたらしている。

高速鉄道動車組が鉄道の旅客・貨物輸送量の持続的な増加を率いている。二〇〇七年に動車組列車が運行し始めてから二〇一三年までに、全路線の動車組列車は累計二十二億五〇〇〇万人の旅客を輸送し、動車組の旅客輸送量が全路線に占める割合は四・三%から三一・八%以上に増加した。二〇〇七年と比べると、二〇一三年の中国全国鉄道旅客輸送量は七億四九二七万人増加し、五五・二%増加した。

二〇一三年十月の国慶節ゴールデンウィーク期間中、中国高速鉄道は繁忙期ダイヤを実施し、再連結や大編成の運行を最大限に実施した。十月一日、中国全国の鉄道旅客輸送量は一〇三二・七万人を達成し、初めて一〇〇〇万人の大台を突破して、鉄道旅客輸送の歴史上の大突破を達成した。当日の動車組の旅客数は二七九万八〇〇〇人に達し、動車組の一日旅客輸送量の新記録を打ち立てた。

中国鉄道の一日の旅客輸送量が一〇〇万人から五〇〇万人になるのは五十年かかり、一〇〇万人増加するには平均十年かかったということになる。二〇〇六年の五〇〇万人から八〇〇万人に増加するにはわずか四年しかかからず、二〇一〇年の八〇〇万人から一〇〇〇万人に増加するにはわずか三年しかかからなかった。この急増する旅客数としばしば最高記録を更新する数字の裏にあるのは、高速鉄道の輸送能

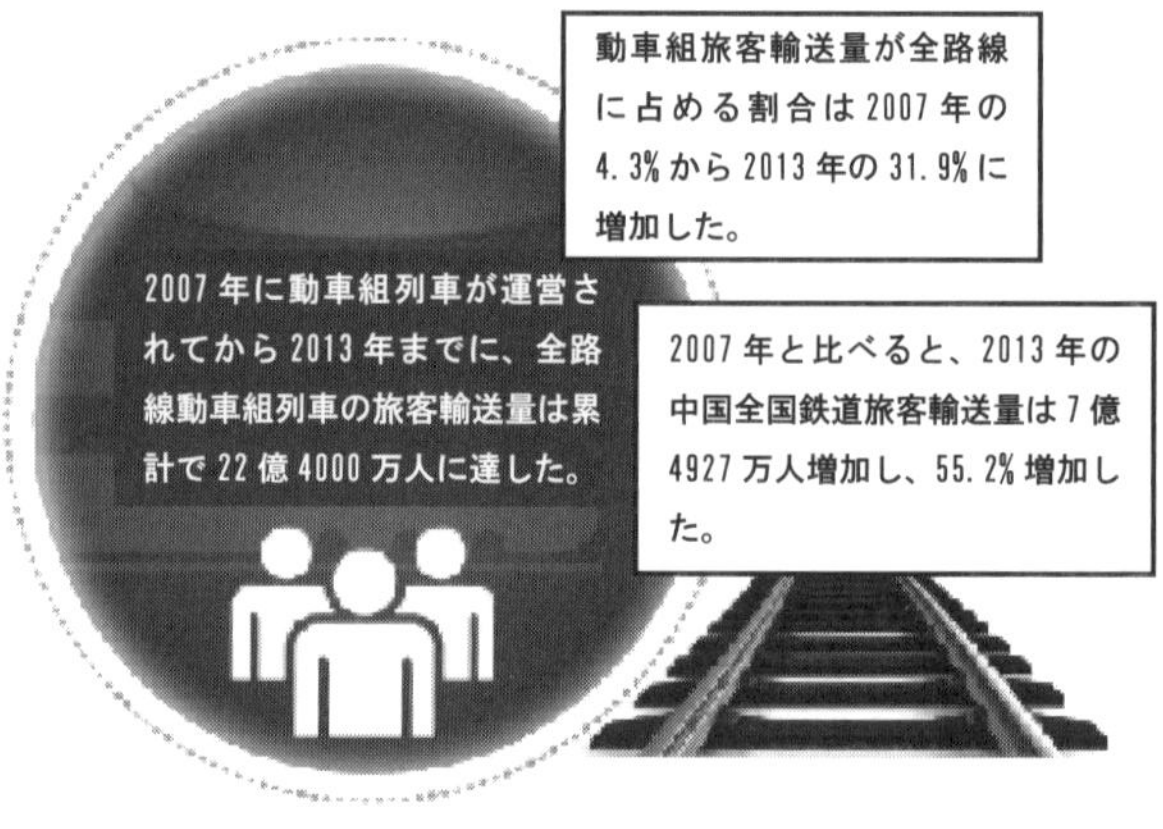
動車組旅客輸送量が全路線に占める割合は2007年の4.3%から2013年の31.9%に増加した。
2007年に動車組列車が運営されてから2013年までに、全路線動車組列車の旅客輸送量は累計で22億4000万人に達した。
2007年と比べると、2013年の中国全国鉄道旅客輸送量は7億4927万人増加し、55.2%増加した。

高速鉄道動車組が鉄道の貨客輸送量の持続的な増加を牽引する

力の高さと輸送力の絶え間ない向上という二つの重要な要素である。

世界銀行の交通専門家が中国の武広高速鉄道、京津都市間鉄道、長吉都市間鉄道の三つの新路線の一年間の運営状況を調査した結果、一つの結論に達した。これら三路線の旅客輸送の新生成率は五〇％に達している。新生成率とは、新たに生じた客足のことだ。世界銀行の調査報告書は、高速鉄道の中国経済への良い影響を肯定的に評価している。その理由は、以前は外出しなかった五〇％の新しい旅客の流れが消費活動を行い、経済成長を引っ張ったからだ。

二〇一三年末の時点で、時刻表上で毎日運行予定の旅客列車が二三五八往復運行されており、そのうち高速鉄道動車組の列車は一二三五本で、旅客列車の運行総数の五二％を占めている。

高速鉄道の開通は既有路線の貨物輸送能力を効果的に活かし、貨物輸送能力の長期的な厳しい局面を緩和した。二〇〇七年と比べると、二〇一三年の中国全国鉄道貨物輸送量は八億三〇八一万トン増加し、二六・五％増加した。

高速鉄道の運営により社会的な時間コストと物流コストを効果的に削減した。高速鉄道の輸送力が持続的に増強されるにつれ、社会全体の人の流れと物流が明らかに加速し、旅客の移動時間を大幅に短縮することによって生み出された巨大な社会的な時間能率も同時に向上し、社会全体の物流コストが効果的に下げられた。

高速鉄道がもたらした大きな社会的な時間能率について、『科技日報』二〇一一年五月二十四日の報道によると、武広高速鉄道が開通した後、武漢から広州までの列車移動時間は十一時間から三時間に縮まった。現段階の輸送量と一定時間内の労働力のコストから計算すると、この線路が毎年節約した社会的な時間価値が数十億元にも達している。輸送量が急速に増加し続けることによって、高速鉄道が節約する社会的な時間価値は、より大幅に増加するだろう。

統計によると、中国が開通・運営している高速鉄道は貨物輸送のために毎年二・三億トンの輸送力を捻出できるという。専門家の分析によると、社会全体の貨物輸送量のうち鉄道貨物輸送の割合が一％高まると、社会の物流コストが二一一億元節約できると言っている。高速鉄道の開通と運営は鉄道の貨物輸送能力を効果的に増加させ、社会全体の物流コストを大幅に下げ、中国企業の経営効率を向上させるために重要な役割を果たしている。

高速鉄道は同都市化効果をもたらし、人々の時空概念とライフスタイルを変えている。高速鉄道によって、人々の生活半径や活動範囲が明らかに広がり、ライフスタイルや生活リズムが変化している。高速鉄道によって形成された「一日生活圏」や「三時間交通圏」「一時間交通圏」では、地域の経済・社会活動がより緊密に結びつき、多くの潜在的なビジネスチャンスや成長の機会がもたらされている。

京津都市間鉄道は二大都市間の距離を三十分以内に縮め、京津同都市化したおしゃれな生活

2013年4月29日、「メーデー」連休初日、北京南駅の乗客が改札機の前で列をなして乗車。

を導いている。京津都市間鉄道が開通後、北京市長は天津市長に「北京は天津の北の郊外のようだ。」と冗談交じりで語った。そして、天津市長も「いや、天津が北京の海岸だ。」と答えた。

武広高速鉄道が開通した後、この多本数化、高速化した大きな能力を持った「黄金の通路」は、武漢から広州までの一〇六九キロメートルの長距離を三時間以内に短縮し、武漢都市圏、長株潭都市群と珠三角都市群を有機的に結合して、地域間を跨ぐ「同都市化」の時代に入った。

京滬高速鉄道の開通により、北京から上海まで五時間しかかからず、京滬間は一日で往復できるようになり、「朝発夕

動車組の乗務員が旅客にお茶を提供

動車組車外の美しい景色を堪能

帰」が実現した。旅客の移動時間が縮まり、仕事の能率が高まり、人々の休息や文化活動の時間が増し、生活の質が上がった。

午前は杭州の西湖で舟遊びをし、昼は溧陽の天目湖魚頭を味わい、夜は南京の秦淮河を見物する……二〇一三年七月一日に寧杭高速鉄道が開通したことで、両地間は一時間余りで結ばれ、このような長江デルタにおける行楽と休暇の過ごし方がすでに現実となった。

二〇一三年十二月二十八日に衡柳鉄道（衡陽—柳州）の開通により、北京—桂林間に高速鉄道が開通したことになり、所要時間は以前の二十二時間から十時間に短縮された。武漢—桂林間は以前の十三時間から四時間に短縮され、各地の観光客が週末を利用して桂林に南下し、「山水は天下に冠たり」を楽しむことが現実となっている。

中国の高速鉄道の中で、都市間高速鉄道は長距離高速鉄道の有益な補充と延伸であり、高速鉄道網の「毛細血管」である。一つ一つの都市間高速鉄道の建設と運営に伴い、すべての高速鉄道網が連結してネットワークを形成した。二〇二〇年までに五十万人以上の人口都市をほぼカバーし、同都市化により人々の生活がより豊かになるだろう。

武広高速鉄道で広東・香港・マカオへ行く花見旅行がブームになっている。

高速鉄道がもたらしたのは、交通の便利さだけでなく、鉄道輸送能力の向上、そして社会全体の全面的な発展だと言える。

3 省エネ・環境保護の優位性が際立つ

エネルギー資源がますます不足になり、生態環境が悪化し続けていることは世界各国の発展において直面している現実の難題である。

現代の様々な交通輸送手段の中で、鉄道は輸送能力が大きく、輸送距離が長く、コストが安く、安全性に優れているだけでなく、敷地面積が少なく、エネルギー消費が少なく、汚染が少ないという利点があり、低二酸化炭素を特徴とするグリーン交通機関となっている。それによると、二十世紀八十年代から、世界の多くの国は交通産業の政策調整の重点として鉄道の発展を掲げている。旅客輸送において高速鉄道を優先的に発展させることは、すでに時代の潮流となっている。

中国のような人口大国にとって、経済が急速に発展するとともに、直面しなければならない資源と環境への圧迫はより大きい。中国が一

太陽光発電技術を採用した天津西駅

人当たりに保有する主要エネルギーの確認埋蔵量は世界平均水準の半分にも満たず、また石炭は多いが、油が少ないため、石油は極めて不足している。中国が高速鉄道の発展に力を入れ、電力で駆動する動車組を採用することは、省エネと排出量の削減を両立させ、エコ文明の建設を推進し、持続可能発展を実現することにとって重要な戦略的意義を持っている。

エネルギーの節約。関連データによると、鉄道の作業量あたりのエネルギー消費量を一とすると、道路は七・八、航空は一一・三となっている。高速列車は電気を利用して牽引するので、石油資源の節約に役立つ。京津都市間鉄道は一人当たりの一〇〇キロメートルのエネルギー消費が八キロワットアワーにも達していない。

高速鉄道のエネルギー消費を低減するために、

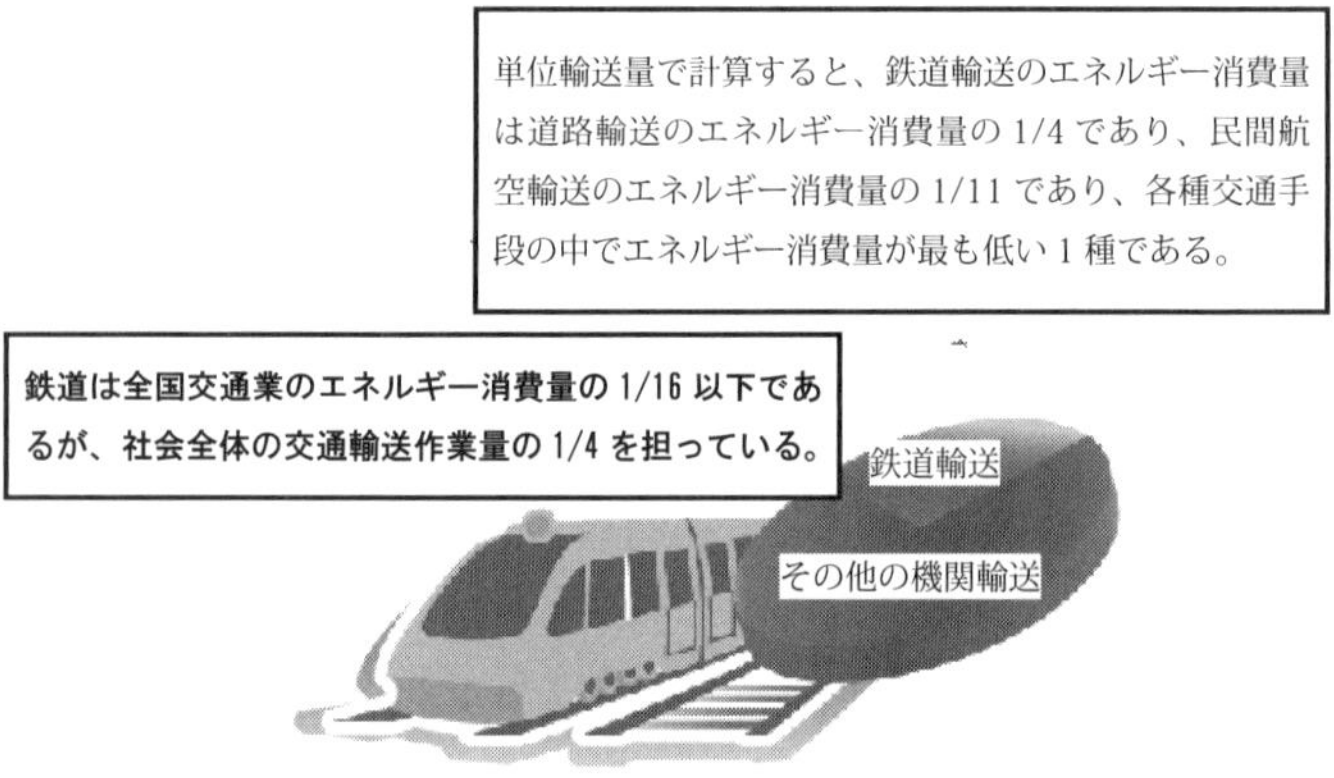
単位輸送量で計算すると、鉄道輸送のエネルギー消費量は道路輸送のエネルギー消費量の 1/4 であり、民間航空輸送のエネルギー消費量の 1/11 であり、各種交通手段の中でエネルギー消費量が最も低い 1 種である。
鉄道は全国交通業のエネルギー消費量の 1/16 以下であるが、社会全体の交通輸送作業量の 1/4 を担っている。
鉄道輸送
その他の機関輸送

各種交通機関の輸送量あたりのエネルギー消費量

中国鉄道は科学的に旅客輸送量が大きく、省エネ、編成が自由な分散式動車組を選択し、動力車両と非動力車両を混成する方式を採用した。これはスピードを保ちながらも省エネに最適な組み合わせである。動車組は再生制動技術を採用し、制動を利用して電気エネルギー源をリサイクルする。また、流線型のノーズ部は高速運行によって引き起こされる風の抵抗力を有効的に軽減でき、電気の消費を抑えている。新型材料の使用や交—直—交などの技術により、車体の重量を軽くでき、牽引エネルギー消費も節約できる。

高速鉄道の駅は省エネ技術を大いに取り入れている。壁、屋根には省エネの新型材料が使用され、照明には自然光が十分に利用されており、高効率の省エネ照明とAI制御技術が採用されている。太陽光発電、地源熱などの省エネ技術が幅広く採用され、省エネ運行管理が実施されている。高速鉄道の駅は地理的にほぼ都市郊外に位置しており、都市部のようなセントラルヒーテイングがなく、ボイラーを使用したら環境汚染になってしまうので、地源ヒートポンプが次々に利用されて中央空調冷熱媒水を提供し、地埋管を通して土壌と熱交換を行い、夏季は冷房、冬季は暖房を供給し、都市のヒートアイランド現象を緩和した。滕州東駅は室外地能熱交換システムとして一六八の地熱井を採用し、同じ能率のセントラル空調より四〇—五〇%の運用費用を節約した。低二酸化炭素でエコであると同時に運営コストも効果的に下げられた。上海虹橋駅の柱のない雨避けのひさしは面積が七万平方メートルに達し、天井裏を利用してきらきらと光る太陽光パネルを二万三八八五枚敷設した。それにより、年間平均六三〇万キロワットアワーの発電を実現し、二酸化炭素を年間六六〇〇トン余り削減して、標準炭を年間二二五四トン節約した。

近年、中国鉄道（高速鉄道を含む）が毎年遂行する客物輸送換算取り扱い量は社会全体の約二五％を占め、エネルギー消費量は交通運輸業において約六％を占めている。つまり、鉄道はエネルギー消費量が全国交通業の十六分の一にも満たないが、社会全体の交通輸送量の四分の一を担っている。輸送量単位で計算すると、鉄道輸送のエネルギー消費量は道路輸送のエネルギー消費量の四分の一で、民間航空輸送のエネルギー消費量の十一分の一で、各種の交通手段の中でエネルギー消費量が最も低いのだ。

土地を節約する。土地は再生不可能な貴重な資源だ。高速鉄道の土地利用率が高く、同じ輸送量の条件の下で高速鉄道は六車線の高速道路に相当するが、その土地利用率は道路より四〇％高い。

中国の高速鉄道は「地面を走らせる代わりに橋を架けて走らせる」という方式を採用し、できるだけ占用する土地を少なくした。計算し

地面を走らせる代わりに橋を架けて走らせる

てみると、一キロメートルごとに高速鉄道の路床（路肩、排水溝及び防護柵などを含む）の敷地は七十七ムーを超え、一キロメートルごとの橋の敷地はわずか二十七ムーで、橋を採用すれば一キロメートルより三分の二の土地を節約できる。京滬高速鉄道沿線は人口密集地であり、土地が不足しているため、道路・橋の割合を最適化し、「橋上敷設がベストなら橋、地面敷設がベストなら地面」という建設案を堅持している。京滬高速鉄道の橋梁の長さは路線総延長の八一・五％を占め、実際の土地使用面積は初期設計より一万三〇〇〇ムー余りを節約している。哈大高速鉄道の橋梁の長さは路線総延長の七二％を占め、京津都市間橋梁の長さは路線総延長の八七％を占めている。線路の設計では橋梁の比率を高め、貴重な土地資源を大幅に節約した。

夾心地を減らし、土地の利用効果を高める。二本以上の線路の間のスペースは「夾心地」と呼ばれ、そのような空間はできるだけ縮小すべきである。京滬高速鉄道と滬漢蓉鉄道、滬寧高速鉄道及び各連絡路線並行区間は、工事の安全を確保した上で、工事設

橋の下の土壌保持

両側の坂で土壌保持

計上は可能な限り並行区間を減らし、大量の土地を節約した。哈大高速鉄道瀋大区間の線路の方向は瀋大高速道路とほぼ一致している。土地を節約するため、鉄三院は設計上で技術標準、駅の分布を十分に考慮し、線路の位置を高速道路に近づけるように設計した。これにより、夾心地が少なくなり、一部の区間が高速道路と排水溝を共用し、工事費も節約できた。

建設中は工事の臨時用地を厳格にコントロール。「永久使用と臨時使用を結合、耕作地の保護、集中設置、緊密配置」という原則を堅持し、プレカット工場、作業基地、攪拌エリアを厳格に計画通りに設置した。小型の工事基地、作業員基地の設置についてはできるだけ沿線の既有の場所と駅エリアの永久専有地を利用した。臨時用地が耕作地の場合、耕作地の復元案どおりに厳格に復元を行い、復元後、評価の基準に達してはじめて返却することができる。

環境にやさしい。高速列車はすべて電気化牽引を採用し、基本的に粉塵、煤煙やその他の排気ガスの汚染を取り除いた。高速列車は密閉式環境保護型トイレを採用し、環境を汚染することなく、騒音も高速道路より低い。海外の研究によると、高速動車組は環境への悪影響が、自動車の二十分の一、航空の三十分の一にすぎないという。

高速鉄道建設は中国の『環境保護法』に関する規定を厳格に執行し、先進的で環境にやさしい線路企画理念を以て生態環境を保護している。路線を選択する時、鉄道が通る地域の自然保護区、名勝区、水源保護区、森林公園、地質公園などの生態デリケートエリアの分布を徹底的に調査し、鉄道路線はできるだけ上記の生態デリケートエリアを避けるようにした。京滬高速鉄道は計画段階で、鳳陽明皇陵を迂回する路線案を採用し、明皇陵が工事によって妨害を受けることを避けた。蚌埠竜子湖の風景名勝区に対しては主に東芦山トンネルの形で通過した。滁州琅琊山の風景名勝区は、一段の路床に園郢子トンネルの形で通過した。南京牛首祖堂風景区は、路線を西側から迂回して通過した。

高速鉄道線路のランドスケープデザインを企画し、工程建設を緑化や環境保護と結びつけた。植物の栽培を主とする鉄道基盤の保護プロジェクトは、内は喬（木）、外は灌（木）の方式で路床区域の緑化を強化した。できるだけ早く安定した植生体系を形成させ、緑豊かな通路を作り、沿線の緑化を地元の自然人文環境と調和させ、環境を美化し、乗客を楽しませている。沿線各駅の緑化を強化し、都市の文化的景観との調和を確保している。

防音壁を設置して騒音を抑える。高速列車は沿線の町や村を通過する際、振動や騒音による人々への影響を減らすため、該当区間の線路の両脇に防音壁を設置した。吸音材を含む繊維コンクリート板で製造

高速鉄道用防音壁

し、騒音による人々への影響を効果的に軽減している。高速鉄道の軌道はシームレス線路を採用しているので、平滑で継ぎ目がない。高速列車の振動と騒音が旅客と沿線の人々に与える悪影響を大幅に低減した。

伝統的な輸送発展戦略は往々にして輸送の内部コストと利益だけを重視し、環境汚染に対する道路と民間航空の莫大な外部費用を無視している。輸送の外部コスト評価を核心内容とする輸送のトータルコストの分析により、鉄道輸送の優位性を示し、各国の輸送発展戦略の調整に根拠を提供した。スイスとドイツの二つの研究所が共同でヨーロッパ十七カ国の一年間の輸送の外部コストを評価した結果、交通事故と環境汚染の外部コストは五三〇〇億ユーロに達し、そのうち九二%が道路、六%が民間航空、二%が鉄道である。鉄道、バス、民間航空、乗用車単位の旅客輸送取扱量の外部コストの比率は一／一・九／二・四／四・四で、鉄道はどの輸送方式よりもはるかにコストが低い。

中国の工業化と都市化が急速に発展する重要な時期に、高速鉄道の建設を大規模に推進することは、中国の科学的かつ合理的な交通輸送システムを構築し、運輸の外部コストを下げ、生態文明建設を推進するための、疑いのない一大科学的決定である。一部のヨーロッパ地域の先進国の識者はかつて、中国は最も適切な発展段階で最も正しいことを行ったと感慨深げに語った。

著名な中国問題の専門家で、米国カーネギー基金のDouglas Paal副総裁は「高速鉄道の発展を通じて、中国はエネルギーの圧迫状況を効果的に緩和し、資源の合理的な配分を実現できるだろう」と述べた。

高速鉄道は最も典型的なグリーン低二酸化炭素の交通機関だ。全て電気化牽引を採用し、一人当たりの消費電力は一〇〇キロメートルごとに八キロワットアワーにも至らない。石油資源に依存せず、有害ガスを排出せず、国家資源の節約と環境保護の基本国策の実行に役立ち、比較的低い社会コストと資源環境の代価で社会や経済発展の運輸需要を満たし、中国の交通を省エネかつエコ的な方向に向かわせることを促進した。今の段階で中国が高速鉄道の建設を進めているのはまさに正しい選択と時期である。

グリーンでエコの高速列車は車窓外の青空と緑地、山紫水明の故郷と一つになって、共に美しい中国の風景を描いている。

4　経済社会の発展を牽引するスターティング・ブロック

鉄道は国民経済の大動脈、国家の重要なインフラと大衆化した交通手段として、中国の経済と社会の発展において重要な役割を果たしている。

習近平総書記が何年も前に浙江省委書記を務めていた時、「福建省から浙江省へ、鉄道の『ボトルネック』の制約が解消されない限り、地方経済の発展も制限される。それは、一種の制約型経済だ。」と感慨深げに語っていた。（『人民鉄道報』、二〇〇五年一月二十八日）

経済と社会の発展に対する高速鉄道の牽引作用は多方面且つ多次元である。建設時期の投資が沿線経済に対する牽引作用をしただけでなく、竣工し運営を開始した後に、「ボトルネック」の制約も解消され、巨大な経済と社会的効果が生まれた。そして、輸送能力の増加、輸送時間の節約、輸送コストの低減、交通安全性の向上などの直接的な経済効果だけでなく、産業布石と構造調整の加速、都市化と都市・農村が一体化した発展の加速、各経済地域間の連携強化などの間接的な経済効果も含まれている。多くの人々の外出を便利にし、沿線の「小康社会に向かう」を促進する民生プロジェクトであると同時に、省エネ・排出削減の生態文明建設プロジェ

疾走する高速鉄道列車が沿線の都市と農村の発展を牽引

クトでもあった。経済社会の発展に対する高速鉄道の役割は範囲が広いだけでなく、持続時間も長く、一〇〇年続くと予想されている。

高速鉄道の運営は都市化と都市・農村の一体化の発展を加速させる。中国高速鉄道の中長距離の輸送能力・輸送量上の優勢は、中心都市が周辺都市へのカバー牽引作用を果たし、都市と農村を緊密に結ぶことに役立っている。そして人材、技術、資金が農村に流れることや農業にも便利な交通条件を作った。また、沿線都市の投資環境を著しく改善し、不動産・不動産物件価格の切り上げを促進した。ビジネスと就職の機会が増え、莫大な経済的効果と社会的効果を生み出した。

京滬高速鉄道の開通と運営は、沿線地域の民間資本と外資の流れ、生産要素と需要の再配置に直接的な影響を及ぼし、沿線各地の固定資産投資は明らかに増加した。曲阜市は曲阜東駅を中核とする新エリアの発展が急速に進んでおり、二〇一二年には京滬高速鉄道によって直接導入されたプロジェクトが五十二件に達し、契約金は二六〇億元に達した。また、工業収入は一四四億元に達し、前年比で一七％増加した。高速鉄道が沿線産業のグレードアップを牽引し、中小都市の立地優位性が徐々に顕在化している。京滬高速鉄道沿線の二十四駅のうち、滕州東、定遠、丹陽北の三駅が県（省以下、郷・鎮以上の行政単位）レベルの市となり、県都に新たな活力をもたらしている。

高速鉄道は衛星都市と中心都市および都市・農村の再構造を促進し、新型都市化の発展ペースを加速させた。京滬高速鉄道の例として、上海は虹橋ターミナルステーションを上海経済発展の新しい原動力とした。徐州市は徐州東駅を拠り所にして、新都市が立ち並び、都市の重点が東へ移働した。済南市の済南西駅の所在地の槐蔭区は、高起点の計画、高レベルの企画、高標準の建設、効率的な管理が特徴である西部高速鉄道新都市を構築している。

上海、南京、杭州は長江デルタ地域の三つの中心都市であり、ゴールデントライアングルのようなエリアを構成している。かつてこのゴールデントライアングルの両側には上海から南京、上海から杭州まで高速鉄道が走っていたが、南京から杭州までの「ゴールデンライン」に鉄道が開通していなかった。二〇一三年七月一日に全長二五六キロメートルの寧杭高速鉄道が開通し、この「ゴールデンライン」を補った。沿線には江寧、句容西、溧陽、宜興、長興、湖州など十一の駅が設置され、もともと鉄道が不通であった発展の遅れた経済地帯が深く開発されるであろう。ゴールデントライアングル経済の一体化が次第に形成し、各種の資源が改めて配置、調整と最適化されていく。そして、ゴールデントライアングル地域全体の産業構造の再編と経済社会発展を牽引していくだろう。

高速鉄道の運営は地域間の経済流通と調和発展を効果的に推進する。中国は人口が多く、土地も広大である。人口資源の分布、経済発展の不均衡が明らかで、生産過程と市場消費には高速度、長距離、多輸送量の鉄道輸送ラインが必要となっている。高速鉄道の運営によって輸送ライン内の旅客と貨物の輸送能力を大幅に向上させ、地域間の人の流れ、物流、資金の流れ、情報の流れが地域を跨いで急速に流通することを促進し、地域間の経済流通を加速させる「ゴールデンライン」となった。

高速鉄道が開通した後、原輸送ラインの既設鉄道の貨物輸送能力を大幅に向上させ、中西部エリアと東部発達エリアの接続に有利になり、東部発達エリアから中西部エリアへの産業移転の受け入れをよりよくし、中国経済が東から西への段階的な発展態勢を形成した。合寧、合武高速鉄道が開通した後、武漢、合肥から上海、南京への移動時間が大幅に短縮され、中部地区と長江デルタ地区の連携を強化し、長江デルタ地区の産業が中部地区への移転を加速させた。

武広高速鉄道の開通は、広東省から湖南、湖北への産業移転と空間拡張を受け入れるための良好な交通運行条件を創造し、湖南郴州には産業集積効果がすでに現れている。この黄金通路は、「武広経済ベルト」の形成を牽引し、中部の台頭と珠江デルタ地域の各省・

高速鉄道が中西部
地域の発展を牽引

各地区の経済構造の相補を実現し、鄂、湘、粤及び周辺地域の協力を促進するために巨大な推進作用を生み出し、地域経済の発展がより合理的になった。

哈大高速鉄道が開通して運営を開始した後、既存の哈大鉄道と「客貨分線」の輸送方式を実施し、既存の哈大線の能力を十分に解放し、大口物資の南北間輸送、中心地域や港の貨物運送を確保している。東北と中心部広域や沿線都市の時空距離の短縮、そして東北と中心地区の経済・文化交流、東北旧工業地帯の振興に大きな役割を果たしている。

高速鉄道の運営は新興産業と現代サービス業の発展を促進する。高速鉄道産業は中国の戦略的な新興産業として急成長している。高速鉄道の建設と運営は、冶金、機械、建筑、ゴム、電力、情報、コンピュータ、精密機器などの産業の急速な発展を導いた。

高速鉄道に牽引され、多くの地域ではすでに高速鉄道にサービスを提供する一貫したハイテク開発製造産業チェーンが形成されている。「和諧号」動車組の研究開発は、鉄道装備の近代化を加速し、

大面積の軟弱性黄土地区に建設された初の高速鉄道である鄭西高速鉄道

中国では、基幹企業が牽引役となり、支援企業を中核として、二十省市かつ六〇〇余りの企業をカバーし、中国鉄道の新しい機関車車両製造産業チェーンが形成された。そして、関連民族産業の発展を強力に促進した。同時に、企業を主体とし、市場によって導かれ、産学研（企業〈産〉・大学〈学〉・研究機関〈研〉の三者が連携して行う共同研究を指す）一体の技術革新の場が構築された。

一路線一路線の高速鉄道の開通と運営は、沿線都市の観光、飲食、商業貿易などの第三次産業の急速な発展を直接に牽引した。京津都市間鉄道の開通により、天津市では観光客の受け入れ数が三五％増加し、多くの飲食店や観光地は旅客で溢れた。鄭西高速鉄道が開通して以来、鄭州、洛陽、三門峡、華山、渭南、西安などの高速鉄道駅が設置された沿線都市の観光成長率は二〇％を超えた。京滬高速鉄道が開通し運営を開始後、山東への観光客数が急増した。「四方に蓮の花、三方に柳、山の緑に囲まれ、湖多し」の泉城と呼ばれる済南、「会ず当に絶頂を凌ぎ、衆山の小さきを一覧すべし」の五岳の首位である泰山、革命ゆかりの郷である棗庄と滕州、聖人の故郷である曲阜など、すべて人気のある観光スポットとなっている。

高速鉄道は迅速且つ快適な旅の方法として観光業の発展に新たな活力を吹き込み、多くの国内の有名な旅行会社は「速旅緩遊」（快速に移動し、ゆったりと遊ぶ）という時代が到来したと驚きの声を上げている。京広高速鉄道が開通した後、河北省ではすぐに「二〇一三美しい中国・燕趙行」という高速鉄道観光宣伝キャンペーンを実施した。高速鉄道沿線都市は河北高速鉄道観光特別展を開催し、高速鉄道観光ルートおよび優遇政策を発表し、「京港澳高速鉄道沿線旅行社」連盟の成立を提唱して、高速鉄道沿線都市の観光一体化の発展を推進した。河南省は高速鉄道駅で「速旅緩遊、シームレスな乗り換え」という観光多元化の交通システムを構築し、案内、交通、宿泊、ガイド、入場チケットなどの一貫サービスを提供している。二〇一三年の上半期に少林寺、白馬寺などの観光地を訪れた旅客数は二割以上増加した。

武漢市観光局のデータによると、京広高速鉄道が開通して以来、武漢の観光客は前年同期比で二―三割増加した。二〇一三年韶関では香港・マカオからの観光客が十数倍に増加し、全市の上半期の観光経済収入の増加幅が数倍になった。

専門家は次のように指摘している。開通した高速鉄道の状況から見ると、これは中国が経済成長を牽引する新たな原動力となり、「内需拡大、成長維持、構造調整」という経済発展政策の推進・

香港からやってきた観光客は広州南駅で武漢の旅への出発を待つ

実行に有利である。高速鉄道はインフラとして、経済・社会の発展に対する拡大効果作用が徐々に放たれている。その役割は大きいが、定量化して統計するのが困難で、特に社会の進歩への推進作用を定量化するのが難しい。統計によると、時速三〇〇キロメートルの高速鉄道の一キロメートル当たりの建設コストは約一・二億元だ。ここ数年、国家は毎年数千億元を投資して高速鉄道を建設している。通常の一対十の投資促進効果に照らし合わせて推計すると、高速鉄道の投資促進効果の規模は驚くべきものである。

鉄路が伸び、夢が舞い上がる。高速鉄道はすでに沿線と地域経済の発展を牽引する新しい原動力となっており、沿線の人々に実質的な利益と幸福をもたらしている。

5　中国鉄道の美しき未来

十年間で夢を築き、十年間で発展する。今日、中国鉄道は新しい歴史の出発点に立っている。鉄道の建設と運営が健全且つ持続可能な発展をし、各種交通運輸機関の相互接続を促進するため、二〇一三年三月一四日、国務院は機構改革の中で鉄道行政と企業の切り放しを実施し、鉄道部を保有しないことに決めた。中国鉄道総本社を設立し、鉄道部の企業職責を引き受け、鉄道輸送の統一配車指令を担当している。鉄道貨客輸送業務を経営し、専用輸送・特別輸送任務を引き受け、鉄道建設を担当し、鉄道安全生産主体の責任などを担っている。

鉄道は国家の重要なインフラと民生プロジェクトであり、資源節約型、環境にやさしい輸送方式である。鉄道建設の推進を加速させるため、二〇一三年八月九日、国務院は「鉄道投融資体制の改革による鉄道建設の加速推進に関する意見」を発布した。これは中国鉄道の長期的発展に対する一里塚のような意味がある。鉄道投融資体制改革を推進し、多方式多ルートで建設資金を募り、「統一した計画、多元的な投資、市場運営、政策の組み合わせ」の基本的な考え方に従って鉄道開発計画を補完し、鉄路建設市場を全面的に開放して、新く建設した鉄道に分類投資建設を実行した。鉄道運賃メカニズムを改善し続け、鉄道の価格関係を着実に調整した。鉄道の公益性、政策的な輸送補助金制度の手配を確立し、社会資本が鉄道に参入するための条件を整えた。鉄道用地資源の活性化に力を入れ、土地の総合開発・利用を奨励した。

行政と企業の切り放しを実行して、中国鉄道の発展に新たな生気と活力を注入した。また、国家が鉄道建設に対する政策的支援の度合いを高め、中国鉄道の長期的な発展に底力を与えている。

一八七六年に中国初の営業鉄道の上海呉淞鉄道が誕生してから数えて、二〇一三年まで中国鉄道は一三七年の紆余曲折の歴史を歩んできた。

清末から民国までの七十三年間に広大な中国に建設された鉄道はわずか二万キロメートル余

りで、一九四九年までに運行を維持できた鉄道は二万一八一〇キロメートルに過ぎなかった。その大部分は外債を借りて建設され、鉄路財産と営業収入を担保に、エリアに分けて管理局を設置していたので、管理が分割しており、設備が時代遅れで、効率も悪かった。

旧中国は極めて貧しく弱く、「路を以て国を興す」ことで国民の強国への夢を次々とかき立てた。

一九一二年二月二十二日、中華民国鉄道協会が上海に設立され、中国革命の先駆者である孫文が名誉会長に推挙された。その席上、「今日の世界は鉄道でなければ立国できない」と述べた。同年四月中旬、彼はまた武昌の各界民衆露天大会で、鉄道の建設は「中国の財源を発展させる第一の要策」であり、「鉄道がなければ、輸送の術がなく、商工業はすべて廃れる」と大呼した。

中国鉄道建設の先駆者である詹天佑は国のために三十一年間鉄道建設に身を投じて、京張、京奉、粤漢などの十数路線の鉄道の建設を担った。一九一九年四月、詹天佑は国際聯合監督極東鉄道会議に中国代表として出席中に病に倒れた。四月二十四日午前、詹天佑は危篤時に、もがきながら千字の遺言を口述して政府に呈した。遺言の中で彼は「言葉だけでは自分の気持ちを表現できない」、自分が「年六十にして、死んでも悔いはない。ただ残念なのは一生涯の志を成し遂げていないことだ」と嘆いた。「興国阜民（国を豊かにして民衆を幸せにする）」「内揚国光（中国国民としての誇りを高める）」「漢粵川路事（鉄道建設のこと）」は「商政国計（国の政治経済に関わる政策）」に関わり、「中途半端」にしてはいけない。これは詹天佑が「病勢が重篤」時に国家と民族に残した最後の建言である。

孫文や詹天佑などの先賢の心を安らかにさせることができるのは、新中国成立後、特に改革開放から三十五年間、中国鉄道は著しく発展してきたことだ。二〇一三年末までに、中国鉄道の営業距離は十万キロメートルを突破、中国高速鉄道の営業距離は一万キロメートルを突破し、建設中の高速鉄道の規模は一万キロメートルに達して、世界で高速鉄道の運行距離が最も長く、建設中の規模が最大の国となった。

その世代にはその世代に属する責任がある。鉄道が遅延型から適応型に向かうことは、中国の人々の長年の願いで、中国の数世代の鉄道マンの夢と追求である。その歴史のバトンを受け取った

高速鉄道が盧溝橋を渡る

からには、責任逃れなどすることができずこの世代の人々がやり遂げなければならない。

歴史と未来の合流点に立ち、中国鉄道の主要目標は明確で、経路もはっきりしている。二〇二〇年までに、中国鉄道の営業距離は十二万キロメートル以上に達し、複線率は五〇％以上、電気化率は六〇％以上に達するだろう。中国の高速鉄道は一万六〇〇〇キロメートル以上に達し、「四縦四横」の高速鉄道を主な骨組みとし、旅客専用線、都市間鉄道、高速貨客路線から構成した高速旅客輸送網は五万キロメートル以上に達して、中国の人口五十万人以上の都市の八〇％をほぼカバーする。

その時、近隣の省都には一―二時間の交通圏が形成され、全国の大部分の省都から北京までの運行時間が従来の半分以上に短縮される。また、人々の移動がより便利、迅速、快適になり、「人が行き来しやすく、貨物が流れやすい」という夢を実現するだろう。

歴史を顧みれば、中国鉄道、百年の移り変わりがある。

未来の展望、復興の夢、それには鉄道が先行しなければならない。

「高速鉄道魂」という詩は、中国鉄道マンの自信、抱負、追求を表している。

今まで経験したことのない感覚
揺るぎない自信で、

世界の林の中を、
中国の白い巨竜が、
空気を切り裂きながら
世界の頂点に向かって果敢に闊達に駆けぬけている。
歴史と時間は語る——中国鉄道はより美しき未来へ！

付録：中国高速鉄道路線図

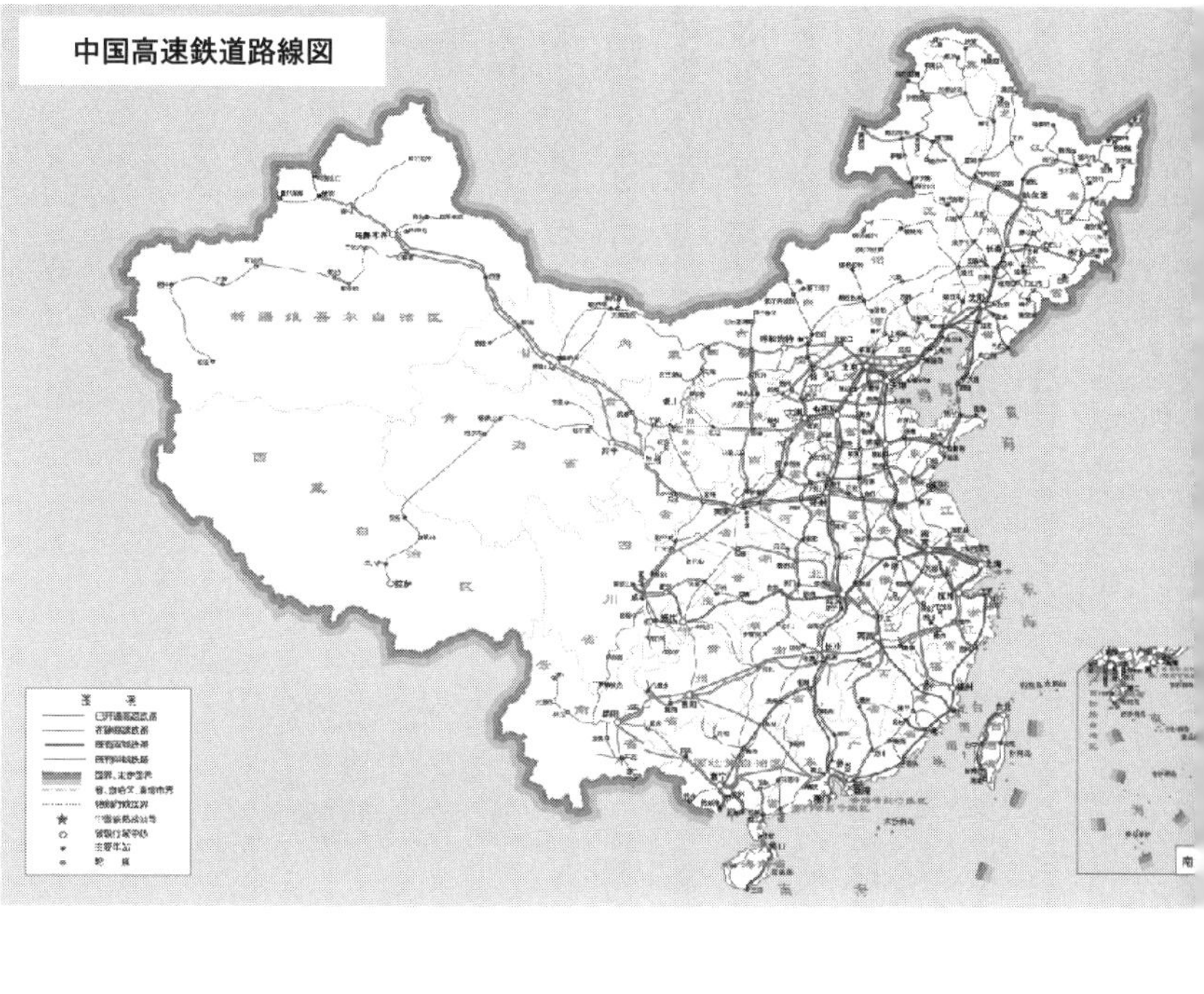

主な参考資料

1　中国鉄道総会社宣伝部・科学技術管理部・計画統計部・運輸局による関連資料の提供。人民鉄道報による写真の提供。
2　新華社、人民日報、人民鉄道報、科技日報、経済日報などのニュースメディアの関連報道。
3　盧春房、ほか（主編）『中国高速鉄道』、中国鉄道出版社、二〇一三年。
4　京滬高速鉄路株式会社（編著）『漫談京滬高速鉄路』、中国鉄道出版版社、二〇一一年。

著者紹介

雷　風行（レイ・フォンシン）ジャーナリスト。北京師範大学教育学科卒業。『人民鉄道報』副編集長、『中国旅客報』編集長を歴任。著書に『郭沫若的少年時代』『名人的第一任老師』『片葉集』『偉人與中国鉄路』『跨越春秋』など。

中国高速鉄道の発展スピードはなぜ速いのか

2022年8月15日　初版第1刷発行

著　　者　雷風行
訳　　者　姚琴
校　　閲　松下智貴
発 行 者　劉偉
発 行 所　グローバル科学文化出版株式会社
〒140-0001 東京都品川区北品川1-9-7 トップルーム品川1015号
印刷・製本　モリモト印刷株式会社

ISBN 978-4-86516-073-4　C0033
定価3278円（本体2980円＋税10%）